Luis Aparicio Guisasola

(1899-1981)
Edificios leoneses
de la década de 1930

OVIDIO PRIETO MARTÍNEZ

arquitecturaS

VOL. 5

Luis Aparicio Guisasola

(1899-1981)
Edificios leoneses de la década de 1930

OVIDIO PRIETO MARTÍNEZ

Prieto Martínez, Ovidio

Luis Aparicio Guisasola (1899-1981) : edificios leoneses de la década de 1930 / Ovidio
Prieto Martínez. – [León] : Servicio de Publicaciones, Universidad de León, [2026]
159 p.: il., planos, mapas, fot. col. y bl. y n. ; 21 cm. – (ArquitecturaS ; v. 5)
Bibliogr. : p. 151-155
ISBN 978-84-87583-36-1
    1.   Aparicio Guisasola, Luis. 2. Arquitectura-España-León-1928-1939. I.
        Universidad de León. Servicio de Publicaciones. II. Título, III. Serie.

72 Aparicio Guisasola, Luis
72(460.181.2)"1928/1939"

Colección
arquitecturaS
Vol. 5

© Universidad de León
© Ovidio Prieto Martínez

Directores de la colección:
    Emilio Morais vallejo
    Joaquín García Nistal

Diseño y maquetación:
    David Aller Llamera

ISBN: 979-13-87583-36-1
Depósito legal: LE 13-2026

Imprime: Kadmos
Impreso en España - *Printed in Spain*
Enero, 2026

Índice

LUIS APARICIO GUISASOLA:

Trayectoria Formativa y Profesional
en el Contexto de la Arquitectura
Española del Siglo XX.
LOS AÑOS 30.

1. INTRODUCCIÓN

La figura de Luis Aparicio Guisasola representa un caso paradigmático
y una de las trayectorias arquitectónicas más prolíficas y complejas
del proceso de modernización de la arquitectura leonesa del siglo XX.
Su carrera profesional, iniciada en 1928 y prolongada durante más
de cinco décadas, se desarrolló en paralelo a los cambios políticos,
sociales y estéticos que marcaron el entorno cultural de nuestro país.
Desde su formación en el ambiente académico madrileño, pasando
por su integración en el tejido profesional leonés, Aparicio participó
activamente en el desarrollo institucional y disciplinar de la arquitectura
contemporánea en León, sin alinearse de forma explícita con las
corrientes de vanguardia, pero tampoco mostrándose ajeno a sus
tensiones y debates. Autor de una obra extensa y diversa, escasamente
estudiada de manera sistemática, este trabajo se centra en la primera
etapa de su ejercicio profesional en la ciudad de León, entre los años
1928 y 1939, con el fin de valorar su producción inicial en un periodo
especialmente convulso y determinante para la arquitectura española.

2. INFANCIA Y ADOLESCENCIA (1899–1915)

Luis Aparicio Guisasola, leonés, nació en 1899 y falleció en León en
1981. Cursó sus estudios de Arquitectura en Madrid, finalizándolos en
1926 y obteniendo el título profesional en 1928.

Su nacimiento se produjo en una España conmocionada por la
pérdida de las últimas colonias en 1898, hecho que desencadenó un
movimiento de reflexión y renovación cultural, intelectual y artística
denominado Regeneracionismo. A pesar de este escenario de crisis, su
infancia transcurriría de manera apacible y sin complicaciones, propia
de una familia burguesa de provincias. Hijo de Narciso Aparicio Lobit,
-también leonés, licenciado en Derecho por la Universidad Central y
registrador de la Propiedad en diversos destinos-, Luis Aparicio realizaría
los obligatorios estudios de primaria a partir de los seis años, siendo

posteriormente educado en un buen colegio, donde cursaría los seis
años de la entonces elitista enseñanza secundaria que establecía la Ley
de Instrucción Pública o Ley Moyano, finalizados los cuales, realizaría
el preceptivo Examen de Estado para obtener el grado de Bachiller,
concluyendo así su formación preuniversitaria hacia 1915.

Su vocación por la arquitectura pudo verse motivada por una temprana
afición al dibujo, tal vez alentada por una buena biblioteca familiar, o
por el ambiente arquitectónico y la actividad constructiva de su ciudad
natal, sin duda "marcada por la última fase del Eclecticismo español
que surgió como una reacción nacionalista que posiblemente hundía
sus raíces en las decepciones por las que había pasado nuestra
historia y que culminaron en el desastre del 98" (Chueca 1980: 247).
Panorama arquitectónico que dio lugar a estilos como el Neomudejar, el
Neoplateresco y el Neobarroco, coexistiendo con cierto Cosmopolitismo
de regusto francés, con un emergente Modernismo y con el denominado
Regionalismo, "consecuencia tardía del Nacionalismo". Diversidad o
riqueza estilística, que imprimiría una profunda huella en la sensibilidad
estética de Aparicio.

3. FORMACIÓN ACADÉMICA EN MADRID (1915 – 1926) Y CONTEXTO PROFESIONAL

Con apenas dieciséis años, Aparicio se trasladaría a Madrid para iniciar
su formación en Arquitectur. Antes de matricularse en la Escuela,
debió superar la exigente prueba de ingreso en la misma, prevista
por el entonces vigente Plan de Estudios de 1914 impulsado por un
otoñal Ricardo Velázquez Bosco a la sazón director de la Escuela, que
presentaba pequeños cambios en el anterior Plan de 1896 (García
Gener 2016: 51), exigiendo ahora para ingresar, seis exámenes:
tres técnicos y tres de dibujo, para lo cual, los estudiantes se veían
obligados, durante dos cursos, a realizar, en la Facultad de Ciencias
de la Universidad Central, estudios de aritmética, algebra, geometría,
trigonometría, física, química, mineralogía y botánica, y en las llamadas

Ilus.1 1.1. "Cabeza del caballo de Fidias". Carbón sobre papel (90x58cm). Ramón San Román (1973). 1.2. Orden dórico denticular de Viñola. Tinta china diluida sobre papel (51x36cm). Dibujo del Autor (1996). 1.3. Capitel y basa jónicos según Viñola. Tinta china diluida sobre papel (53x36cm). Dibujo del Autor (1996). 1.4. "Cabeza griega". Carbón sobre papel. (41x28cm). Dibujo del Autor (1970).

"academias preparatorias" donde debían adiestrarse en el dibujo artístico para superar tres duros ejercicios, calificados por algunos de crueles. Un primer ejercicio de Dibujo Lineal Lavado, los "lavados" (dibujos sombreados con tinta china diluida) **(Ilus.1.2 y 1.3),** el segundo, el Dibujo de Figura, la "Estatua" (copia "a buen tamaño" de reproducciones en yeso de modelos clásicos griegos y romanos) **(Ilus.1.1y 1.4),** y tercero, el Dibujo de Ornato, los llamados "Cachos" (copia también de fragmentos arquitectónicos del mismo origen), ejercicios que se practicaban y exigían en todas las Escuelas de Bellas Artes de la época. ¿Aprobaría Aparicio la prueba "a la primera", o tuvo que repetir en el intento? No lo sabemos, pero lo cierto es que, dada la fecha de terminación de sus estudios (1926), debió ingresar en la Escuela antes de 1920.

Después de la prueba de ingreso, y ya en la Escuela, los estudiantes seguían dos cursos que volvían a llamarse "preparatorios", centrados en materias científicas y artísticas como geometría descriptiva, perspectiva y sombras, cálculo infinitesimal, mecánica racional, historia de las artes plásticas, copia de elementos ornamentales, dibujo de detalles arquitectónicos y modelado de barro. Una vez superada esta nueva fase

Ilus.2. 2.1. Aula gráfica de la Escuela de Arquitectura de Madrid en su sede de la calle de los Estudios (Navascués 2002: 24). 2.2. Promoción de Arquitectos de 1921 en el "patio de arquitectura" del Claustro Barroco del Instituto de San Isidro (Martínez Verón 2024: 29).

preparatoria, comenzaban propiamente los estudios de Arquitectura: cuatro cursos de Carrera con las disciplinas arquitectónicas propiamente dichas, que eran las mismas que componían la enseñanza especial del plan de 1896, con la sola incorporación de una nueva asignatura: Urbanización y Saneamiento de Poblaciones, y en los que, por fin, los alumnos cursaban tres asignaturas de Proyectos en los tres últimos años.

Antonio Flórez, una de las figuras docentes más influyentes en aquellos años, criticaba abiertamente el carácter fragmentario y antipedagógico del plan de estudios, que fomentaba la especialización técnica en detrimento de una visión integral de la arquitectura. A su juicio, el Plan producía titulados con una sólida base teórica pero limitada experiencia práctica, y lo resumía bien cuando decía que el alumno, una vez recibido el título de arquitecto, ya puede "proyectar, firmar proyectos, construir…

El único inconveniente que quizás halle para su ejercicio es que jamás ha visto una obra ni sabe lo que en ella se hace" (Navascués 2002: 34).

El propio Pedro Navascués nos invitaba a recordar aquella Escuela en la que se formó Luis Aparicio "…cuando se encontraba en la calle de los Estudios, compartiendo con otras enseñanzas -igualmente dependientes de la Universidad Central- los generosos, aunque lúgubres espacios del imponente edificio del antiguo Colegio Imperial que regentaron los jesuitas (y ya por entonces, Instituto de San Isidro). Allí, en torno al claustro barroco que se llamó "patio de arquitectura", como recuerda Baroja en *El árbol de la ciencia*, estaban las pocas aulas que ocupaban los estudiantes de arquitectura" (Navascués 2002: 25).

Sería muy interesante asomarse a los años de formación de Aparicio, aproximarse a un grupo de jóvenes que al conocerse apenas superaban los dieciocho años, en general recién llegados a la capital desde diferentes provincias españolas. ¡Estrenando libertad! Encontrarse, de repente en una gran ciudad, llena de posibilidades, pero también ajena, que fomentaba la camaradería y las experiencias compartidas dentro y fuera de las aulas… Las primeras aventuras amorosas. Eternas discusiones sentimentales o artístico-literarias… (Martínez Verón 2024: 22-23).

Para algunos autores, el Plan de 1914 constituyó un punto de inflexión en la enseñanza de la arquitectura al propiciar una tímida transición hacia lenguajes modernos y cierta aproximación al racionalismo, impulsada por un cuerpo de profesores que, "paulatinamente, fueron adaptando la manera de entender la respuesta de la arquitectura a los problemas de habitación y al empleo de los nuevos materiales de la época" (García Lozano 2023: 22).

Ciertamente, en el plano intelectual, la formación de Aparicio tuvo lugar en un contexto de transición, cuando la formación académica y el eclecticismo o historicismo heredados del siglo XIX comenzaban a ser reemplazados por corrientes de renovación y de búsqueda de nuevas formas de expresión arquitectónica. Eclecticismo que, lejos de ser un mero recurso estilístico, permanecerá desde entonces en nuestro arquitecto como una constante voluntad de forma, caracterizada por la integración de influencias diversas no sometidas directamente a los distintos estilos.

Ese eclecticismo inicial tenía diversos orígenes. Por una parte, la autoridad de los profesores de la Escuela, como el ya citado Antonio Flórez, -hijo de padre leonés también arquitecto-, desde la asignatura de Copia de Elementos Ornamentales (los "Cachos"), Teodoro Anasagasti, Pedro Muguruza y especialmente Modesto López Otero **(Ilus.3)** en las cátedras de Proyectos donde, fieles al credo secesionista, le inculcarían un enfoque de la arquitectura académico y ornamental (Alonso Pereira 1985: 154). En paralelo, también debieron incidir en su formación figuras destacadas del panorama madrileño, tales como Antonio Palacios — quizá la personalidad más influyente de la arquitectura española del primer tercio del siglo XX—, Gustavo Fernández Balbuena, también de ascendencia leonesa, gran arquitecto y notable urbanista, y el gran Secundino Zuazo, cuyo Palacio de la Música en la Gran Vía causaba, por aquel entonces, un considerable impacto en las jóvenes generaciones **(Ilus.4).**

Asimismo, el ambiente profesional de aquellos años se encontraba marcado por la difusión en Madrid de los trabajos de la propia Secesión Vienesa, con las propuestas de Otto Wagner y sus discípulos Joseph M. Olbrich y Joseph Hoffmann **(Ilus.5).** De igual modo, se seguían con interés las aportaciones de los denominados progresistas alemanes: Peter Behrens, Hans Poelzig y Bruno Taut **(Ilus.6)** y, por supuesto, la Exposición Internacional de Artes Decorativas celebrada en París en 1925 que, sin duda, contribuiría a consolidar el permanente gusto de Aparicio por el Art Déco. Por otra parte, en su formación, también dejarían huella otros movimientos que comenzaban a tener peso, como los postulados de la Bauhaus, el Neoplasticismo, el Expresionismo, el Futurismo italiano,

Ilus.3 3.1. Antonio Flórez. Grupo Escolar Jaime Vera (1923). 3.2. Teodoro Anasagasti. Edificio Madrid-París (1921) 3.3. Pedro Muguruza. Edificio Palacio de la Prensa (1924). 4.4. Modesto López Otero y Miguel de los Santos. Edificio La Unión y El Fénix (1928).

Ilus.4 4.1. Antonio Palacios. Edificio Palazuelo (1919). 4.2. Gustavo Fernández Balbuena. Casino de León (1920). 4.3. Secundino Zuazo. Palacio de la Música (1926) 4.4. Secundino Zuazo. Casa de las Flores (1931).

Ilus.5 5.1. Otto Wagner. Caja Postal de Ahorros. Viena (1904-12). 5.2. Josef M. Olbrich. Pabellón de la Seccesión. Viena (1985). 5.3. Josef Hoffmann. Palacio Stoclet. Bruselas (1905-11).

Ilus.6 6.1. Peter Behrens. Fábrica de Turbinas AEG. Berlín (1908-10) 2.2. Hans Poelzig. Cine Babilon. Berlín. (1928). 6.3. Bruno Taut. Viviendas Schillerpark. Berlín (1924-30).

la Arquitectura Orgánica **(Ilus.7).** Es decir, influencias múltiples, diversas e incluso contradictorias, que provocaban lógicas tensiones entre la enseñanza académica y las inquietudes de los estudiantes, lo que estimulaba en los mismos la reflexión crítica y fomentaba el desarrollo de una búsqueda personal.

No obstante, Aparicio debió mantener una cierta distancia con el racionalismo más ortodoxo, con la verdadera Arquitectura Racional. Conviene recordar que, durante su periodo formativo, ya circulaban por Europa las revolucionarias propuestas de Mies van der Rohe, Walter Gropius, Le Corbusier y Frank Lloyd Wright, que sentaban las bases de la Arquitectura Internacional **(Ilus.8).** Sin embargo, como se puede apreciar al confrontar su obra con la de estos arquitectos, tales influencias no parece que llegaran a ser plenamente asimiladas por Aparicio en su etapa inicial.

La obtención del título profesional por parte de Aparicio Guisasola en 1928 coincidió con un periodo de transformaciones significativas para nuestro país. España se reincorpora a la Sociedad de Naciones, hecho que favoreció una mayor apertura cultural e intelectual. Al mismo tiempo, comenzaban a llegar las primeras expresiones de la arquitectura de vanguardia. Era un momento para las ilusiones, protagonizado por lo que Carlos Flores denominó "Generación de 1925", de la que formaban parte figuras como Rafael Bergamín, Luis Blanco Soler, Regino Borobio, Manuel Sánchez Arcas, Casto Fernández Shaw, Fernando García Mercadal, Agustín Aguirre, Luis Lacasa, y Carlos Arniches **(Ilus.9),** heterogéneo grupo de arquitectos que representan la transición del eclecticismo académico hacia corrientes más modernas y progresistas difundidas desde la Revista Arquitectura, órgano de la Sociedad Central de Arquitectos (Flores 1961: 145-176), que Aparicio recibía puntualmente.

También por estas fechas ya destacaba la figura de Luis Gutiérrez Soto (titulado en 1923), considerado por algunos el máximo exponente del racionalismo ecléctico español **(Ilus.10)** (Baldellou 1995: 96).

Ilus.7 7.1. Walter Gropius. Casas de maestros. Dessau (1925). 7.2. Teo van Doesburg, C. van Aesteren, G. Rietveld. Hotel Particular (1922). 7.3. Erich Mendelsohn. Almacenes Schocken. Stuttgart (1926). 7.4. Antonio Sant´Elia. Citta Nuova. Milán (1914).

Ilus.8. 8.1.Mies.Edificio de cristal. Berlín (1919-20). 8.2. Gropius. Bauhaus de Dessau (1925). 8.3. Le Corbusier. Pabellón del Esprit Nouveau (1922). 8.4. Wrigth. Casa Mrs. Thomas H. Gale (1909).

Ilus.9. 9.1. Arniches. Residencia de Señoritas (1932). 9.2. Blanco Soler y Bergamín. Hotel Gailord´s (1931). 9.3.Bergamín. Casa Marqués de Villora (1927). 9.4. Mercadal. Rincón de Goya (1927).

Ilus.10. Luis Gutiérrez Soto. 10.1.Cine Callao (1926). 10.2.Cine Europa (1928). 10.3.Aeropuerto de Barajas (1931).

En el contexto internacional, 1928 fue un año clave para la introducción
en España del llamado Movimiento Moderno. Ese año, Fernando García
Mercadal participó, en el Castillo de La Sarraz, (Suiza), en la fundación del
Comité Internacional para la Resolución de Problemas de la Arquitectura
Contemporánea (CIRPAC) y de los Congresos Internacionales de
Arquitectura Moderna (CIAM). Asimismo, Le Corbusier impartió dos
conferencias en la madrileña Residencia de Estudiantes, lo que
contribuyó a la difusión de sus postulados en España (Flores 1961: 177 y
ss).

Por otra parte, la proclamación de la Segunda República en 1931 supuso
un impulso decisivo para la expansión del racionalismo arquitectónico
en nuestro país, respaldado por el GATEPAC (Grupo de Arquitectos y
Técnicos Españoles para el Progreso de la Arquitectura Contemporánea,
fundado en Zaragoza en octubre de 1930, con tres subgrupos: Madrid
(con Mercadal y Churruca), País Vasco (Aizpurúa y Labayen) y Barcelona
(Illescas, Sert, Torres Clavé). No obstante, el impacto de este grupo, fiel
defensor de las doctrinas de Le Corbusier, se vio limitado por la Guerra
Civil y liquidado por las políticas del posterior régimen franquista (Flores
1961: 177-207).

Aunque próximo a la Generación del 25, tanto por edad como por
sensibilidad estética, Aparicio no se identificó con las posturas radicales
del GATEPAC, sino que debió situarse en los aledaños de lo que Oriol
Bohigas denominó "racionalismo al margen", o "heterodoxo" (Bohigas
1970: 71 y ss), -versión doméstica y popular de lo que el catalán entendía
como "racionalismo ortodoxo"-, que generalizó nuevos modelos formales,
"simples, limpios y correctos", por toda España, gracias al impulso de la
llamada Ley del Paro más conocida como Ley Salmón (en referencia a
Federico Salmón Amorín, Ministro de Trabajo en aquellos momentos y su
principal impulsor) promulgada por la República en 1935, para "mitigar
el paro al favorecer la construcción de viviendas de alquiler y conceder
importantes beneficios fiscales a quienes promovieran la construcción de
este tipo de viviendas para la clase media" (Muñoz y Sambricio 2008: 30).

4. INICIOS PROFESIONALES EN LEÓN (1926 – 1931)

Tras finalizar la carrera, Aparicio, en lugar de permanecer en Madrid, decidió regresar a provincias y establecer su estudio en la ciudad de León. Tenía sus razones. En León le esperaba su novia, la señorita María Aurora Rodríguez González con la que contrajo matrimonio el 11 de septiembre de 1929 en la iglesia de las Carmelitas. El panorama arquitectónico leonés de aquel momento estaba dominado por profesionales de generaciones anteriores, como Juan Crisóstomo Torbado Flórez (n.1867–t.1892), entonces arquitecto provincial y diocesano; Manuel Costilla y Picó (1881–t.1907), natural de Cartagena y Arquitecto-jefe del Catastro; Isidoro Sainz Ezquerra (1881–t.1908), arquitecto municipal de origen santanderino; Francisco Javier Sanz Martínez (1852–1918), cordobés y también arquitecto de la Delegación de Hacienda; y Manuel de Cárdenas Pastor, madrileño, quien, tras haberse instalado en León en 1900 para ejercer como arquitecto municipal y provincial, regresó a Madrid en 1921, desde donde continuó atendiendo los encargos de su clientela leonesa. El neohistoricismo predominante en las construcciones de estos arquitectos se evidencia en sus obras de aquella época **(Ilus.11),** estilo que, innegablemente, determinó el eclecticismo tradicional de las primeras obras leonesas de Aparicio. La competencia y el mercado lo exigían. Poco después de su llegada a León, se incorporaron también a la ciudad los arquitectos Ramón Cañas del Río (1900–1971) y Juan Torbado Franco (1901–1971), ambos titulados en 1929.

El regreso de Aparicio a León coincidió con un momento crucial para la arquitectura española: la creación de los Colegios de Arquitectos. El Real Decreto de 27 de diciembre de 1929, promulgado en los últimos meses de la Dictadura de Primo de Rivera, fundó oficialmente estas instituciones, cuya organización y desarrollo legal se materializa durante la Segunda República. El 12 de julio de 1931 tuvo lugar la Junta General de Constitución del Colegio Oficial de Arquitectos de León y Elección de la Primera Junta de Gobierno. Esta quedó conformada por

Ilus.11. 11.1. J.C.Torbado. Iglesia de las Ventas (1928). 11.2. M. Costilla Picó. Ordoño II, 7 (1931) 11.3. I. Sainz-Ezquerra. Padre Isla, 3 (1927). 11.4. F. Javier Sanz. Ordoño II, 31 (1927). 11.5. Antonio Flórez. Escuela Normal de Maestros (1928). 11.6. Manuel de Cárdenas. Ordoño II, 24 (1929).

Juan Crisóstomo Torbado como decano, Isidoro Sainz-Ezquerra como secretario, Ramón Cañas del Río como vicesecretario, Manuel Costilla Picó como tesorero y Luis Aparicio Guisasola como contador, además de tres vocales corporativos y nueve vocales provinciales (Alonso Pereira, 1982: 13–29).

Conviene señalar que el ámbito territorial del Colegio de León abarcaba no solo la provincia homónima, sino también las cuatro provincias gallegas (La Coruña, Lugo, Orense y Pontevedra), así como Asturias, Zamora, Salamanca y Palencia. La primera sede colegial se estableció en la calle Legión VII, en el denominado edificio Roldán, donde también se encontraba el estudio profesional de Aparicio. Su participación como contador en la primera Junta de Gobierno delata su implicación activa en la vida colegial desde el inicio de su ejercicio profesional. Tras la Guerra Civil, en la Junta de Normalización Colegial constituida para el período comprendido entre el 22 de octubre de 1939 y el 31 de mayo de 1946, Aparicio fue elegido tesorero, cargo que ejerció de manera ininterrumpida durante veintiocho años, hasta la sesión celebrada por la Junta de Gobierno el 5 de octubre de 1967 (Alonso Pereira 1982: 32-54).

Ilus.12. Una de las primeras reuniónes del Colegio Oficial de Arquitectos de León. En primera fila, y de izquierda a derecha: Francisco Javier Sanz (con sombrero en la mano), Isidoro Sainz Ezquerra, Ramón Cañas del Rio, Luis Aparicio Guisasola y Juan Crisóstomo Torbado (Alonso Pereira 1982: 23).

5. LA OBRA DE LUIS APARICIO GUISASOLA: UNA APROXIMACIÓN CRÍTICA

La evaluación crítica de la trayectoria profesional de Luis Aparicio Guisasola representa una tarea compleja, especialmente si se pretende abordar con objetividad. Esta dificultad se debe, en gran medida, a la amplitud y diversidad de su producción arquitectónica, desarrollada durante más de cinco décadas, fundamentalmente en la provincia de León, donde Aparicio, además de consumar una inmensa obra en la profesión liberal, desempeñó un papel destacado como arquitecto de la Caja de Ahorros y Monte de Piedad y como arquitecto municipal de Astorga, ejerciendo también, durante los años 30, "como profesor de la Fundación Sierra Pambley, en un centro de ampliación de enseñanza primaria adjunto a la llamada Escuela Industrial de Obreros" (Algorri 2020).

Las valoraciones historiográficas de su obra presentan algunas divergencias. Mientras algunos autores le consideran "uno de los responsables de la racionalización de la arquitectura en León, con numerosas obras dentro del Ensanche, pero sobre todo con innumerables proyectos destinados a viviendas baratas y económicas, en donde esta estética tuvo un amplio campo de aplicación" (Serrano Lasso 1993: 43). Otros, recientemente, le han caracterizado como un arquitecto inicialmente instalado en la "corriente neobarroquista dominante en la ciudad de León, que pronto dejó a un lado para firmar sus primeras obras vinculadas a la modernidad, donde priman los espacios abiertos, la racionalidad compositiva y un aspecto exterior vanguardista en consonancia con las nuevas tendencias europeas del momento" (Caballero Chica 2024: 164). Entre los arquitectos, Fernando Valenzuela entendió que "Aparicio proyectó gran número de edificios en el Ensanche. Muchos de menor entidad situados en calles secundarias (...) y otros de mayor envergadura como "la Perrona", donde se aprecia un lenguaje "moderno" similar al que estos mismos años utilizan Ramón Cañas y Juan Torbado y que el propio Aparicio ya había ensayado con anterioridad" (Valenzuela 1997: 125-127). Por su parte, Eloy Algorri, en su espléndida Guía digital, advierte en "la Perrona" una imagen robusta y moderadamente moderna, mientras defiende que Aparicio "levantó modestos edificios carentes de toda pretensión destinados a la clase media" considerando "su dilatada y prolífica carrera profesional en un nivel que cabría calificar de intermedio por calidad arquitectónica y reconocimiento público" (Algorri, 2020).

6.- CRITERIOS METODOLÓGICOS PARA EL ANÁLISIS

El análisis de la obra de Luis Aparicio desde una perspectiva estrictamente estilística plantea dificultades considerables. La heterogeneidad de su producción, la cual abarca una amplia gama de programas funcionales, y la escasa correspondencia de sus diseños con las corrientes dominantes de la arquitectura española y europea del siglo XX obligan a abandonar una lectura meramente estilística de dicha obra y optar, en cambio, por una aproximación a la misma, de tipo cronológico.

Este estudio se centra exclusivamente en la primera etapa de la actividad profesional del arquitecto en la ciudad de León, comprendida entre su llegada en 1928 y el año 1939, fecha que marca el final de la Guerra Civil, el comienzo de la dictadura franquista y el inicio de la Segunda Guerra Mundial. La producción arquitectónica posterior de Aparicio

Ilus.13. Años 40. 13.1. Rodríguez del Valle, 25 (1940). 13.2. Padre Isla, 41-43 (1943). 13.3. Sampiro, 14 (1944). 13.4.C/ Burgo Nuevo, 15 (1941).

Ilus.14. Años 50. 14.1. Avda. Nocedo, 26 (1953). 14.2. 24 de Abril, 13 (1942-58). 14.3. Colón, 15 (1955). 14.4. Plaza de la Inmaculada, 11 (1955).

Ilus.15. Años 60. 15.1. Miguel Zaera, 4 (1962). 15.2. Lope de Fenar, 12 (1965). 15.3. Arquitecto Lázaro, 15 (1966). 15.4. Sampiro, 18 (1968).

Ilus.16. Años 70. 16.1. Peña Vieja, 8 (1971). 16.2. Avda. San Mamés, 71 (1972). 16.3. Reyes Católicos, 3 (1973). 16.4. Mariano Andrés, 93 (1976).

—particularmente la desarrollada entre las décadas de 1940 y 1970, cada una marcada por transformaciones políticas, sociales y estéticas profundas—, requiere investigaciones específicas. Dicho periodo, caracterizado por una mayor madurez proyectual, configura cuatro fases que merecen un análisis monográfico más detenido, como se puede apreciar o inducir en las ilustraciones **(Ilus.13, 14, 15 y 16)**.

7. FORMACIÓN ACADÉMICA Y PRIMERAS OBRAS

Luis Aparicio concluyó su formación en 1926, en plena dictadura de Primo de Rivera y en un entorno académico y profesional todavía influido por el eclecticismo decimonónico, que dejó una huella claramente perceptible en sus primeras realizaciones caracterizada por un depurado academicismo. Ejemplo de ello es el Sanatorio Miranda (1930), concebido en un eclecticismo neobarroco, enriquecido con ornamentos inspirados en el primer Decó **(Fig.1).** A esta obra le siguieron la Casa Miguel Díaz (1931), de un lenguaje igualmente neobarroco, aunque más simplificado y cosmopolita **(Fig.2).** El edificio para la Imprenta Moderna (1931), y las casas para Isidoro Fernández y para Manuel Álvarez (1934), transitan entre el eclecticismo y el Art Decó **(Fig.3, 4 y 5).** Inmuebles que constituyen ejemplos paradigmáticos de la primera etapa de su producción en la capital leonesa.

La proclamación de la Segunda República en 1931 favoreció la consolidación del racionalismo arquitectónico en España. En León, se ha venido afirmando que dicho lenguaje llegó ese mismo año con la Central Telefónica de la Avda. Padre Isla, proyectada por Ignacio de Cárdenas y José María de la Vega (Serrano Lasso 1993: 43). Otras aportaciones recientes añaden a la Telefónica, la Casa Luis de Paz (1931) y el Dispensario de la Cruz Roja (1933) de Manuel de Cárdenas y el Dispensario Antituberculoso (1932) de Juan Torbado Franco **(Ilus.17)** (Caballero Chica 2024: 164). Sin embargo, un superficial análisis formal de las fachadas de estos edificios revela la presencia, en ellas, de motivos octogonales, miradores trapezoidales, "torres" de esquina,

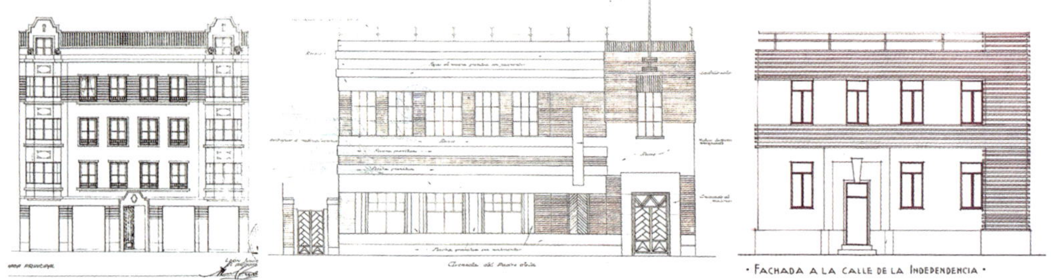

Ilus.17. 17.1. Casa Luis de Paz. C/La Torre, nº4. Manuel de Cárdenas. (1931)
17.2. Central Telefónica. Avda. Padre Isla, nº16. Ignacio de Cárdenas y José María de la Vega.
(1931) 17.3. Dispensario Antituberculoso. C/ Independencia, nº16. Juan Torbado Franco. (1932).

frontispicios escalonados, largas líneas resaltadas, bandas horizontales
con paños de ladrillo estriado o espigado, portadas destacadas,
claves realzadas, cerrajería en zigzag o en dientes de sierra, triángulos,
barandillas de barco, mástiles… elementos característicos del *Art
Decó*, siempre "buscando el dinamismo, la velocidad, en definitiva el
movimiento" (Pérez Rojas 1990: 33), lo que vendría a dar la razón a los
que afirman que lo que aquí conocemos como primer racionalismo no
es sino una variante de lo que, fuera de España, se conocía como estilo
"aerodinámico" o "Modern Style", cuya racionalidad relativa se aprecia
mejor en contraste con los recargados historicismos precedentes (Pallol
2012: 13).

También por esas fechas, Luis Aparicio, sin dejar el modo tradicional
en las distribuciones interiores de sus edificios, fue abandonando
progresivamente el historicismo en sus fachadas, para proyectar en un
esencial clasicismo simplificado que le aproximara a ese emergente e
impreciso racionalismo, en el que los estilemas *Decó* desempeñaban un
papel relevante. Así lo evidencian obras como las casas para Agapito
Rodríguez (1933) y para Pedro Cortinas en la calle Juan Madrazo **(Figs.6
y 16)**, la casa para Luis Villanueva (1934) en la calle Sampiro **(Fig.10)**,
y las casas para Leopoldo González (1934) en Bernardo del Carpio

(Fig.48), y para Luis de la Puente en Padre Isla, entonces 1º de Mayo **(Fig.9),** ambas derribadas, entre muchas otras.

En 1935, vemos que conviven en Aparicio, obras historicistas o academicistas como las viviendas para la Caja de Ahorros en la plaza de la Catedral **(Fig.19)** con otras de clara búsqueda racionalista como la llamada "Perrona" en la Condesa de Sagasta **(Fig.20).**

Entre 1936 y 1939, pese a las limitaciones impuestas por la Guerra Civil, la ciudad de León mantuvo una notable actividad constructiva. En este periodo, Aparicio siguió alternando edificaciones claramente influenciadas por el funcionalismo y el racionalismo "Salmón" y el Art-Decó (Casa para Benigno Neira **(Fig.27)** o las Casas para González y Roldán S.A. en Santisteban y Osorio, de una arquitectura nítida y muy expresiva **(Figs.28 y 29),** con trabajos eclecticistas como la Casa en San Isidoro **(Fig.33)** o las casas para Restituto y para Bernardino de Paz en Suero de Quiñones **(Figs.34 y 35),** en las que apreciamos la mezcla de academicismo, racionalismo y art-decó para alcanzar arquitecturas híbridas o mestizas, y sin duda, indecisas. Eran tiempos de incertidumbre.

A finales de los años 30, levantará dos de sus obras más Racionalistas-Decó: la casa para Rosa Martínez en la Gran Vía de San Marcos **(Fig.43)** y la casa para Alberto García en la Avda. de Roma **(fig.44).**

Tras la instauración del régimen franquista en 1939, se trató de imponer en España un estilo oficial vinculado al neoclasicismo madrileño y al llamado "neo-herrerianismo" escurialense, expresiones arquitectónicas del nuevo orden triunfalista de exaltación nacional. Sin embargo, en León dicha transición no fue inmediata, ni lineal. Aparicio, al igual que Cañas y Torbado, entre sus obras neohistoricistas, continuaron realizando trabajos en clave racionalista durante los años cuarenta. Esta continuidad estilística puede entenderse como fruto de la "inercia adquirida", o como una muestra de independencia creativa, favorecida por su escasa implicación política durante la República, lo que les otorgó cierta libertad frente a las nuevas directrices estilísticas.

8. LOS TEMAS ARQUITECTÓNICOS EN LA OBRA DE LUIS APARICIO

La producción de Luis Aparicio fue amplia en volumen, aunque su influencia en la evolución de la arquitectura moderna leonesa no fue proporcional a la magnitud de su trabajo. Su carrera comenzó con un marcado carácter historicista que, como hemos dicho, a partir de 1931 dio paso a una estética más racionalista. Esta transición revela su versatilidad para adaptarse a distintos estilos y contextos, lo cual definió gran parte de su práctica profesional.

Una crítica frecuente a su obra, es su enfoque casi exclusivo en la edificación residencial. Aunque esta especialización pudo traducirse en una mejora en la calidad técnica, también limitó la diversidad de su arquitectura. A mitad de los años treinta, su producción se centró en las denominadas "casas de vecindad" o "casas de renta", viviendas colectivas destinadas al alquiler, ubicadas principalmente en el Ensanche y promovidas al amparo la Ley Salmón. Por el contrario, la vivienda de lujo apenas tuvo peso en su obra. Y su trabajo en vivienda unifamiliar (aislada o entre medianeras), se mostró más cerca de cierta variedad tipológica que de una evolución formal coherente, plegándose más a las demandas del cliente que a una visión arquitectónica personal **(Figs.68 a 78).** En cambio, Aparicio mostró un mayor compromiso con la "vivienda obrera" entre la que destacaron las desaparecidas Casas Baratas de 1932 para funcionarios del Monte de Piedad en la calle Juan Madrazo **(Fig.81)** y especialmente las llamadas "viviendas mínimas" para clases trabajadoras, generalmente situadas en zonas o barrios periféricos de la ciudad **(Figs. 79 a 92).**

Ignorando el debate sobre la vivienda en las propuestas del Movimiento Moderno centroeuropeo, que buscaban la eficacia y la higiene en espacios polifuncionales de viviendas mínimas dignas como modo de entender nuevas formas de vida urbana, Aparicio, atendió encargos de particulares, de obreros, y proyectó incontables pequeñas viviendas unifamiliares de bajo presupuesto al modo tradicional. Casitas de planta baja entre medianeras, dos o tres crujías, una o dos plantas, tres o seis habitaciones, cocina y retrete con pasillo en medio, en algunas; la imprescindible galería en otras; fachada simétrica de puerta central y ventana a cada lado en la parte delantera de la parcela y posible patio posterior (Serrano Lasso 1993: 132-137).

En lo que respecta a los equipamientos, en la ciudad de León destacan obras como el Sanatorio Miranda en la Glorieta de Guzmán **(Fig.1)**, una pequeña Clínica Médica de la carretera de Zamora **(Fig.96)**, la ampliación del Hotel Regina en la calle Independencia **(Fig.95)** y dos centros escolares que no llegaron a ejecutarse: la ampliación de las Escuelas Julio del Campo **(Fig.15)** y otro de nueva planta en el Barrio de la Vega **(Fig.17)**, ambas en colaboración con Ramón Cañas del Río. También proyectó espacios vinculados al ocio y la vida social, entre ellos el Bar Rox en Ordoño II c/v a Gil y Carrasco **(Fig.8)**, la Confitería Polo entre Legión VII y la plaza de Santo Domingo **(Fig.94)**, un salón de baile en la avenida General Sanjurjo c/v a la Plaza de la Inmaculada **(Fig.41)** y un Kiosco de refrescos en La Condesa **(Fig.93)**. Y en relación con las infraestructuras vinculadas al automóvil, cabe mencionar la gasolinera diseñada para Ramón Pardiñas. **(Fig.42)**.

Y en cuanto al urbanismo, su papel, durante los años 30, fue prácticamente inexistente, ya que durante dicha década la ciudad de León careció de actuaciones de planeamiento municipal o parcelaciones de iniciativa privada (Reguera, 1987).

Debemos considerar a Aparicio como uno de los arquitectos leoneses mejor dotados para formalizar todo tipo de programas y resaltar que uno de los aspectos más significativos de su obra radica en la atención constante a las necesidades humanas. Este enfoque no era superficial, se materializó en una arquitectura comprometida con la habitabilidad, la funcionalidad y la durabilidad, alejada de planteamientos vanguardistas o especulaciones teóricas. En síntesis, más que construir un discurso formal propio, la obra de Luis Aparicio puede entenderse como una arquitectura de encargo, funcional, práctica y centrada en el cliente.

9. LAS TÉCNICAS CONSTRUCTIVAS

El análisis de la formación académica de los arquitectos españoles de la primera mitad del siglo XX permite contextualizar la práctica profesional de Luis Aparicio. Tal como señala Miguel Ángel Baldellou en su monografía dedicada a Luis Gutiérrez Soto, durante la primera mitad del siglo XX, a pesar de las dificultades, la arquitectura española logró mantenerse viva y adaptarse a los nuevos tiempos gracias a la formación de una nueva generación de profesionales marcada por una enseñanza de carácter ecléctico, culturalista y estético, con una escasa base tecnológica, pero que les permitió enfrentarse a los retos de una realidad sociopolítica compleja. Esta circunstancia resulta extrapolable al caso de Aparicio, cuya formación también tuvo que verse condicionada por dichas limitaciones. Baldellou recuerda, en este sentido, "la última lección de Modesto López Otero en 1955, en la que hace alusión a las dificultades que tuvo como director de la Escuela para introducir en ella elementales estudios sobre el hormigón armado" (Baldellou 1973: 26).

En consonancia con ese contexto, Aparicio inició su carrera profesional aplicando los conocimientos constructivos adquiridos en la Escuela. Levantó sus edificios sobre cimentaciones de hormigón en masa o mampostería, por lo general con muros de ladrillo asentados con mortero de cemento y arena de río, o mediante estructuras mixtas de muros de carga combinados con pilares de hierro o de hormigón en planta baja, resolviendo los forjados de piso con entramados de doble tablero plano de ladrillo apoyados sobre vigas de hierro laminado en doble T.

Dispuso generalmente las cubiertas inclinadas, construidas con
armaduras de madera de chopo y revestidas con teja cerámica curva.
Realizó las escaleras en bóveda de ladrillo, con peldaños de granito
artificial, barandillas de hierro y pasamanos de madera. Las carpinterías
exteriores reticuladas y también de madera, con contraventanas
o persianas enrollables del mismo material. Y en lo relativo a las
instalaciones, se limitó a proyectar las requeridas por las necesidades de
la época, sin alardes técnicos ni innovaciones extraordinarias.

Es decir, que la arquitectura de Aparicio, orientada a un uso prolongado,
se basó en la bondad de los materiales y en una racionalidad
constructiva, casi artesanal, alejada de osadías tecnológicas. Su
legado se caracteriza por una ejecución técnica rigurosa, una notable
versatilidad estilística y una respuesta eficiente a las exigencias del
mercado, aunque ello implicara una menor coherencia conceptual o
artística en el conjunto de su obra. Rigor técnico que le permitió ganarse
la confianza de clientes y promotores.

10. LOS ELEMENTOS DE COMPOSICIÓN

¿Podríamos afirmar que su obra, en general, carece de una teoría
compositiva sólida? Es posible. Más que teorizar o innovar, Aparicio se
caracterizó por un eclecticismo lógico y funcional, y una gran facilidad
para adaptarse a distintos estilos y contextos, cualidades que dominaron
su trabajo.

Tanto en la primera fase eclecticista, como en el posterior impreciso
racionalismo, Aparicio encajó, con la debida profesionalidad, los
programas de necesidades requeridos por el promotor. En sus Casas
de Vecindad, excavó sótanos parciales para carboneras o totales
para almacenes. También proyectó semisótanos para viviendas y
otros inmuebles sin sótano, pero con cámara de aire para evitar
humedades en la planta baja. Una planta baja, a veces con viviendas,
pero generalmente destinada a tiendas o "almacenes" accesibles

desde la calle. En función de la forma o anchura del solar, dispuso portales centrados o pegados a una medianera, generalmente pequeños pero suficientes para alojar una escalera que permitiera el paso bajo la misma al patio posterior. Encima, las viviendas programadas que frecuentemente, durante las obras, sufrían la elevación de una o dos plantas para optimizar la ordenanza y la rentabilidad de la promoción, al confirmarse las buenas expectativas de alquiler o venta.

Sus disposiciones planimétricas sugerían un "funcionalismo" de tradición académica, simétricas con dos viviendas por nivel, o asimétricas con solo una si la dimensión del solar así lo exigía. Lejos de la corbuseriana "machine à habiter" o de la flexibilidad de la "planta libre", distribuyó los pisos siguiendo el método tradicional: pequeño vestíbulo, largos pasillos, indiferenciadas estancias principales al exterior y servicios hacia patios interiores. Los eternos "pisos-pasillo", no faltando en los mismos las apacibles galerías acristaladas, ¡tan leonesas!, que, sin saberlo, anticipaban una remota modernidad. Al parecer, años más tarde, Felipe Moreno Medrano, también arquitecto de probada formación académica, explicaba como este tipo de distribuciones facilitaban la multifuncionalidad de las viviendas, pues "permitía que cada vecino distribuyera el salón y los dormitorios como deseen y qué con el paso del tiempo y las variaciones de la familia, las adaptaciones de la vivienda resulten fáciles, y que al salir los hijos de casa se traslade el salón de habitación o se desplace el dormitorio matrimonial sin obras" (Ponga 1997: 137).

Plantas "bien ordenadas" que le permitían trazar sus fachadas perfectamente equilibradas, respetando proporciones y criterios académicos, pero depurando los elementos superfluos, con innegable carácter epidémico y materiales tradicionales como revoco, ladrillo visto y madera, jugando con los ejes, las simetrías y las asimetrías, pero siempre imponiendo la clásica ordenación tripartita en altura: basamento, cuerpo central y coronación. En la base, zócalos horadados por las troneras del sótano o de la cámara de ventilación bajo los huecos del entresuelo que escoltan la típica "portada de Aparicio": jambas destacadas bajo dintel de fajas escalonadas y clave realzada ¡muy Decó! El cuerpo principal estructurado por bandas ciegas y dinámicas líneas decorativas dibujando franjas retraídas de vanos verticales entre paños de ladrillo aparejado a tizón, y a veces estriados, que incrementan la sensación de tamaño ¡tan "racionalista"! y contraponen su horizontalidad al efecto ascendente de frentes laterales (eco de las míticas torres palaciegas) con ventanas encadenadas en tiras verticales o cuerpos en voladizo a modo de miradores de obra con amplios ventanales y, en su caso, un frente axial destacado o volado con columna de huecos sencillos o dobles, y remate escalonado. Las ventanas, siempre alineadas y generalmente verticales con reticuladas carpinterías de madera y quitamiedos metálicos de esmerado diseño o simples tubos horizontales. Los balcones con antepechos ciegos o metálicos de geometría Decó. En realidad, el Art Decó siempre está presente en la arquitectura de Aparicio.

Y todo ello recreando el llamado "estilo Salmón", que "mientras en la organización de las plantas permitía mantener un programa ajeno por completo a la arquitectura que en esos años se planteaba en Europa, posibilitaba en las fachadas gestos de imprecisa modernidad" (Muñoz y Sambricio 2008: 32). Para Alonso Pereira, el estilo Salmón "es tan solo la versión doméstica y popular que adoptará el racionalismo español al codificarse y extenderse por los diversos rincones nacionales bajo el patrocinio derivado del impulso legal de 1935. Por ello sus elementos canónicos serán los ya conocidos del racionalismo ortodoxo, reiterados, popularizados y, a menudo, trivializados, y entre ellos y preferentemente, el gusto formal por la horizontalidad, resaltado aquí por medio de anchas bandas corridas enlazando los vanos y consiguiendo ese efecto apaisado en las composiciones, de sabor tan característico", cuerpos cerrados en voladizo, ventanas-terraza laterales rematadas en curva (o en recta), subdivisión de los paños de fachada y de las carpinterías, geometrización de la cerrajería, barandillas de tubos metálicos reforzando la apariencia naval y ese dinamismo de carácter expresionista, habitualmente relacionado por la historiografía con las vanguardias europeas del Movimiento Moderno. Pero "siempre dentro de un acabado semiartesanal, y de una elementalidad constructiva exenta en todo momento de audacias tecnológicas que pudieran perjudicar los objetivos sociales propuestos" (Alonso Pereira 1983: 44-45).

11. CONCLUSIÓN

La figura de Luis Aparicio Guisasola se inscribe en un momento crucial para la arquitectura española, en el que tradición y modernidad, historicismo académico y racionalismo funcional se enfrentan, pero coexisten. Por una parte su formación académica rigurosa en aquella Escuela de Madrid dirigida por la influyente figura de Modesto López Otero, donde el eclecticismo tardío y los métodos beauxartianos se amalgamaban en torno a las cátedras de Proyectos (Alonso Pereira 1985: 153-154) y por otra, su contacto con las corrientes estéticas europeas además de su posterior participación activa en la vida profesional e institucional de nuestra provincia, configuran un perfil de arquitecto que, sin renunciar a esas raíces académicas, supo abrirse a la renovación disciplinar con criterio propio. Lejos de adoptar una postura doctrinaria y huyendo de rutilantes posiciones vanguardistas, sin perder su identidad, desarrolló un eclecticismo reflexivo que lo convirtió en un actor esencial en la modernización de los procesos constructivos de la arquitectura leonesa, apostando siempre por la adaptación estilística, la eficiencia técnica y la respuesta concreta a los requerimientos sociales de su época.

Su prolífica trayectoria sería suficiente para situarle en una posición destacada entre los arquitectos que configuraron el paisaje urbano de la ciudad de León entre el final de los años veinte y los últimos setenta. Partiendo de la tradición, su arquitectura en la convulsa y trepidante década de los treinta, unida a la de Juan Torbado y Ramón Cañas por esos mismos años, dieron a nuestra ciudad un perfil de modernidad racionalista que en cierto modo pervive hasta el día de hoy.

En definitiva, Aparicio encarnó un modelo de arquitecto centrado en el trabajo bien hecho, la satisfacción del usuario y la durabilidad, y cuyas aportaciones a la modernidad merecen una revisión más profunda y contextualizada en la historia de la arquitectura española del siglo XX.

LOS AÑOS 30

Fig.1.1. Fachada Glorieta de Guzmán (Foto del autor).

EL SANATORIO MIRANDA

C/ Ordoño II, nº41 c/v a la Glorieta de Guzmán el Bueno,
c/v la Avda. de la República Argentina
Promotor. Emilio González Miranda
Proyecto. Marzo/1930

Casa para Sanatorio con estructura de muros de carga perimetrales
y pilares de hormigón centrales sobre un sótano para almacenes e
instalaciones generales. La planta baja con locales comerciales y dos
entradas: la de servicio por República Argentina con escalera de ida y
vuelta, y la principal por Ordoño con escalera de tres tramos y ascensor en
su ojo. La planta primera con una parte residencial y otra para consultas,
reconocimiento y rayos. La segunda con habitaciones para residentes, una
cocina, los pertinentes aseos y la sala de curas **(Fig.1.2).** Y la tercera con
más habitaciones, aseos, salas para esterilizar y de operaciones, además
de una amplia y soleada terraza al sur que, tras la reforma de 1942, se
eliminó. Los alzados simétricos y con sutil ordenación tripartita. En la
base, los huecos de los locales y portadas clasicistas por ambas calles.
Encima, tiras verticales de ladrillo rojo entre hileras revocadas, vanos sobre
decorativas repisas y bellos pretiles metálicos alternando con miradores de
obra culminados por balcones. Estilizadas pilastras parecen sostener un
cornisamento de modillones y balaustres entre pedestales que flanquean
un frontis ornamental sobre la portada principal **(Figs.1.3)** y un torreón
rotulado con chapitel de cuatro faldones empizarrados hacia Guzmán
(Fig.1.1)... Luis Aparicio y su particular Eclecticismo con detalles Art-Decó
en una de sus primeras obras leonesas.

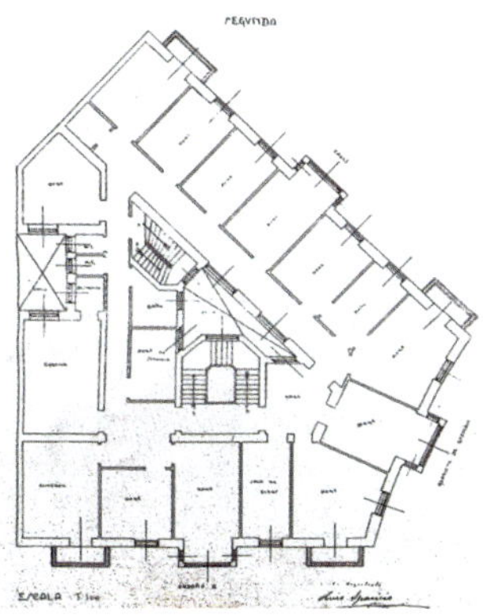

Fig.1.2. Planta segunda (AHML).

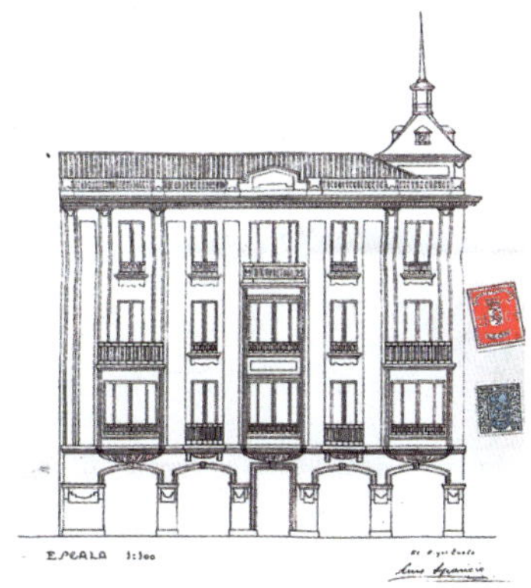

Fig.1.3. Alzado a Ordoño II (AHML).

CASA PARA PAULINO ÁLVAREZ

C/ Fajeros, nº8 c/v a Joaquina Vedruna y c/v a Gran Vía de San Marcos
Promotor. Paulino Álvarez García
Proyecto. Julio/1931

En julio de 1931, Paulino Álvarez pide permiso para construir esta casa
de vecindad. En noviembre del mismo año, solicita licencia para elevar
una planta más. Edificio con estructura de muros de carga perimetrales
y pórtico central de hormigón en doble crujía. Sin sótano. En la planta
baja, las carboneras, la vivienda del portero y dos locales comerciales
flanqueando un portal con escalera y ascensor para subir a cinco plantas
con 13 viviendas **(Fig.2.2).** Las fachadas revocadas y en tres órdenes. En la
base sencilla portada clasicista, hoy mimetizada con los escaparates de las
tiendas. Encima cuatro plantas con hileras verticales de vanos enmarcados
entre paños cajeados con placa resaltada y pretiles de forja industrial.
Entre las hileras, miradoras de obra con amplios ventanales, idénticas
barandillas y los mismos entrepaños. Y en la esquina de la Gran Vía, tres
columnas de huecos en curva bajo un esbelto torreón octogonal culminado
por cúpula escamada de ocho gajos con óculos y guirnaldas bajo corona
y fina aguja enfatizando un tercer orden amansardado **(Figs.2.1 y 2.3)...**
Aparicio parece apuntarse aquí a un tardío Cosmopolitismo Neobarroco
profusamente ensayado por Cárdenas en el Ensanche, pero más
simplificado y preñado de elementos Art-Decó, en su particular transición
hacia ese impreciso "Racionalismo" que practicó antes, durante y después
de la Guerra Civil.

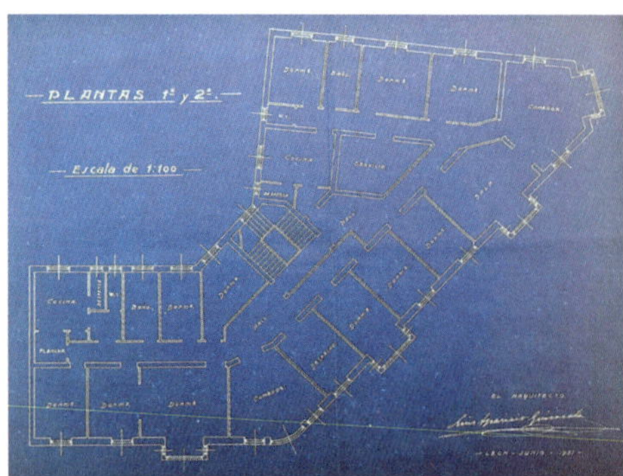

Fig.2.2. Plantas primera y segunda (AHPL).

Fig.2.3. Alzado del primer proyecto (AHPL).

Fig.2.1. Fachadas C/ Fajeros, nº8 / Gran Vía San Marcos (Foto del autor).

Fig.3.1. Fachada Principal. C/ Legión VII, nº3 (Foto del Autor).

LA IMPRENTA MODERNA

C/ Legión VII, nº3
Promotor. Joaquín Chamorro Cadenas
Proyecto. Agosto/1931

Hacia 1905, la "Imprenta Moderna de Álvarez, Chamorro y Cia" inició
sus trabajos en Los Cuatro Cantones (hoy calle Cervantes). En agosto
de 1931 y tras desprenderse de su socio, Joaquín Chamorro Cadenas
encargó a Luis Aparicio Guisasola un proyecto de casa de vecindad en
un solar de la calle Legión VII, a cuyos locales trasladó la Imprenta y sus
talleres. Casa con planta baja para los negocios y otros dos niveles con
4 viviendas que en el transcurso de las obras se convirtieron en 6, al
levantar una planta más **(Fig.3.2).** La fachada simétrica y tripartita. Abajo,
zócalo de mármol con los huecos de las tiendas enmarcados y en el eje,
clásica portada vitruviana. Más arriba, miradores de obra sobre ménsulas
fingidas con grandes vanos, antepechos de caja escalonada, barandillas
Decó y pilastras de esquina. Entre los miradores, el balcón principal y
otros huecos sobre repisas y consolas bajo un bello alfiz de cuentas,
muy Decó. Dos estilizadas pilastras de "tramos arrugados" y "capitel
vegetal" apuntalan el friso, igualmente rugoso, bajo una prominente
cornisa y la balaustrada que flanquea el frontispicio poligonal que remata
la composición **(Fig.3.1 y 3.3).** Todavía lejos del racionalismo, Aparicio,
encaraba su carrera leonesa instalado en un aparente Eclecticismo
Neobarroco, academicista y moderado, de carácter superficial pero
preñado de elementos Art-Decó.

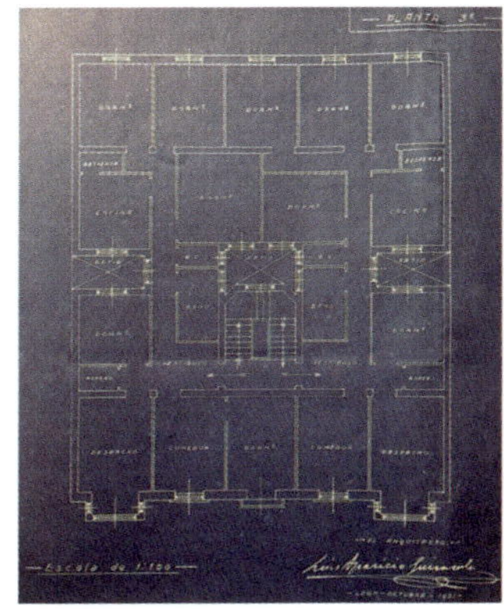

Fig.3.2. Planta de pisos (AHPL).　　**Fig.3.3.** Alzado principal (AHPL).

CASA PARA ISIDORO FERNÁNDEZ

No conocemos la fecha (sin duda en los años 30) en que Isidoro Fernández construyó esta casa de vecindad en la actual Gran Vía de San Marcos, pero si nos consta que, en 1943, Fernández solicitó licencia para construir sobre la cochera izquierda, entrando al edificio y en toda su altura, tres habitaciones con arreglo a los planos elaborados por Luis Aparicio Guisasola **(Fig.4.2)**. Aparicio no solo levantó las tres habitaciones en la mano izquierda, sino que también lo hizo en la derecha completando la simetría de la fachada. Había proyectado un inmueble exento con muros de carga. La planta baja con las carboneras en el patio trasero, 2 viviendas y el portal centrado con su escalera para subir a tres niveles con 7 viviendas más. En 1956, añadieron una cuarta planta con otras 3 viviendas y transformaron en local comercial una vivienda de la planta baja. La fachada a la calle revocada, simétrica y, tras la última elevación, tripartita. Y todo ordenado por impostas y estilizadas pilastras de tramos rugosos que parecen sostener un tercer orden de huecos seriados y el moldurado alero de fábrica que remata la composición. En sus primeras obras, Aparicio se sujeta a los principios compositivos academicistas, pero moderados o depurados y matizados con elementos del repertorio Art-Decó, sin duda tratando de dar a sus edificios cierta aureola de modernidad.

 Fig.4.2. Proyecto para construir tres habitaciones sobre la cochera izquierda (AHML).

Fig.4.1. Fachada Gran Vía de San Marcos. nº53 (Foto del Autor).

Fig.5.1. Fachada. Gran Vía de San Marcos, nº47 (Foto del Autor).

CASA PARA MANUEL ÁLVAREZ

Gran Vía de San Marcos, nº47
Promotor. Manuel Álvarez Mieres
Proyecto. Marzo/1934
Aparejador. Rutilio Fdez. Llamazares

Edificio con muros de carga en tres crujías paralelas a la calle. Un sótano
para carboneras y almacenaje. La planta baja para 2 viviendas envolviendo
un portal desviado con las escaleras centradas y un pequeño patio desde
el que se accede por estrecho pasillo al espacio posterior. Tres plantas
con 6 viviendas distribuidas alrededor de pequeños patios interiores
(dos medianeros) **(Fig.5.2).** En 1959, elevaron otra planta al inmueble
para 2 viviendas más. Aparicio había concebido la fachada a la calle
revocada, simétrica y con ordenación tripartita acentuada tras la elevación.
Basamento sobre zócalo calado por las troneras del sótano y sencilla
portada entre las ventanas de la vivienda y los huecos de una tienda de
reciente creación. En el orden principal, un frente central abriendo vanos
verticales con carpintería de madera y contraventanas hoy sustituidas
por aluminio, tras geométricas barandillas metálicas sobre repisas entre
paños de llamativas placas Decó. A ambos lados miradores de obra con
grandes ventanales y las mismas carpinterías y barandillas culminados
por balcones **(Fig.5.1 y 5.3).** En los extremos, columnas de huecos
idénticos a los centrales. Y en lo más alto, una imposta da paso al tercer
orden con pequeños vanos verticales alternando con balcones fingidos
bajo el discreto alero de fábrica que remata una correcta composición
academicista, hoy sobradamente repintada.

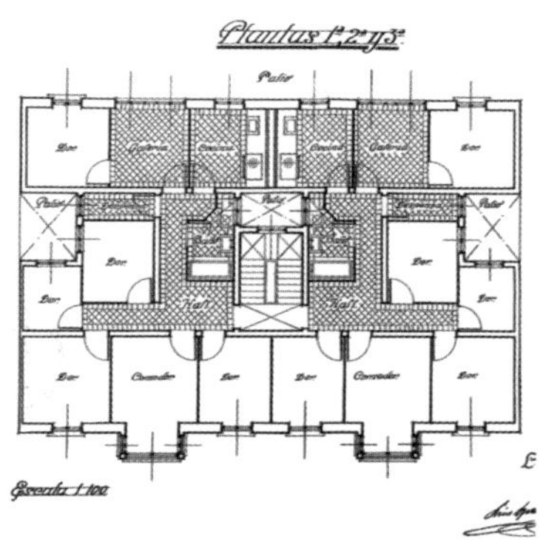

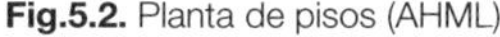

Fig.5.2. Planta de pisos (AHML).

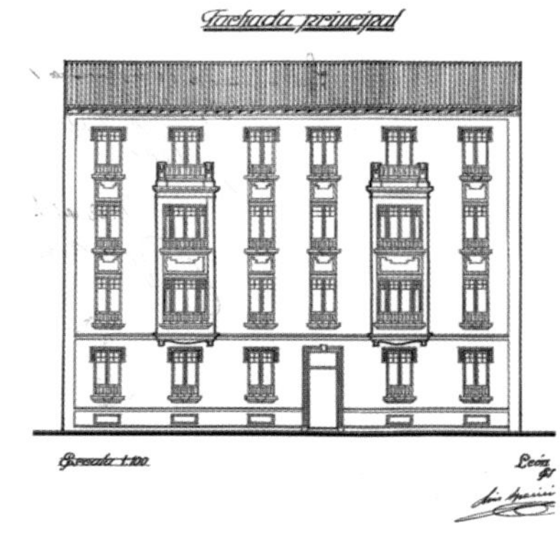

Fig.5.3. Alzado antes de la elevación (AHML).

CASA PARA AGAPITO RODRÍGUEZ

C/ Juan Madrazo, nº19
Promotor. Agapito Rodríguez Balbuena
Proyecto. Abril/1933

Inmueble de tres plantas que Aparicio levantó con muros de carga en tres crujías paralelas a la calle. Sin sótano. La planta baja con garaje delantero y soportal hacia el patio. El portal y la escalera pegada a la medianera derecha para subir a dos viviendas, cada una con tres estancias a la calle, y dos dormitorios centrales abiertos, como la cocina y el aseo, a una galería posterior **(Fig.6.3)**. Dispuso la fachada principal conciliando el revoco con el ladrillo. En la base, sencilla portada junto a los huecos del garaje. El cuerpo principal en dos niveles separados por imposta estriada de ladrillo sobre fondo revocado y franjas de vanos verticales en disposición simétrica protegidos por pretiles metálicos sobre repisas entre paños, también estriados, del mismo ladrillo **(Fig.6.2)**. En julio de 1958, Agapito Rodríguez solicitó otro permiso para elevar un piso más a su casa para otra vivienda idéntica a las inferiores… Aparicio, parece apuntarse aquí a una remota pero oportuna modernidad, tal vez pensando en modelos centroeuropeos, o la "racionalista" Telefónica de Padre Isla… Casa modesta, con fachada lisa que combina revoco y ladrillo visto aparejado en estrías rehundidas de innegables raíces Decó, alternando franjas e impostas para potenciar el horizontalismo y el dinamismo, conceptos considerados por cierta historiografía, fundamentales en la formación de arte moderno.

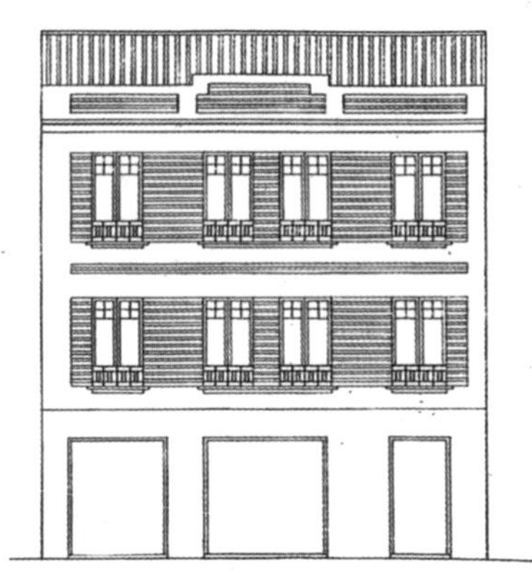

Fig.6.2. Fachada del primer proyecto (AHPL).

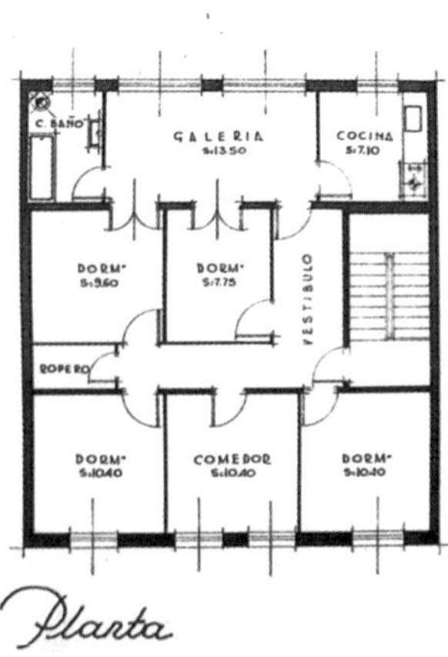

Fig.6.3. Planta de pisos (AHML).

Fig.6.1. Fachada Juan Madrazo, nº19 (Foto del autor).

Fig.7.1. Fachada a C/ Alfonso IX, nº3 (Foto del autor).

CASA PARA VICENTE MOLANO

C/ Alfonso IX, nº3
Promotor. Vicente Molano Macarrilla
Proyecto- Mayo/Julio/1934

Inmueble con muros de carga en tres crujías paralelas a la calle y dos plantas que en obra se convirtieron en tres. Un semisótano parcial para carboneras. La planta baja con una vivienda y el portal con salida a un patio posterior y la escalera para subir a dos plantas con otras 2 viviendas **(Fig.7.2).** La fachada principal entonando el revoco con el ladrillo. En la base zócalo horadado por las troneras del sótano. El cuerpo principal con paños de ladrillo aparejado a tizón con una hilada destacada y otra no, formando dinámicas estrías que, entre franjas revocadas, enmarcan ventanas protegidas por barandillas de doble tubo sobre lineales repisas que contraponen su horizontalidad al sentido ascendente de un frente lateral levemente realzado con sencilla portada bajo balcones con plataforma de obra y barandilla de tubos también horizontales. En lo más alto, una imposta lisa y un peto repiten el revoco y el ladrillo estriado culminando la composición **(Fig.7.1 y 7.3).** Aparicio parece descomponer aquí el alzado en elementos autónomos rompiendo la simetría y, en cierto modo, la unidad de la fachada, al contraponer la verticalidad de los huecos y del frente lateral a la horizontalidad de las bandas lisas y estriadas, en clara búsqueda del codiciado equilibrio dinámico, siempre vinculado a la imagen del movimiento y la velocidad, paradigmas del Mundo Moderno.

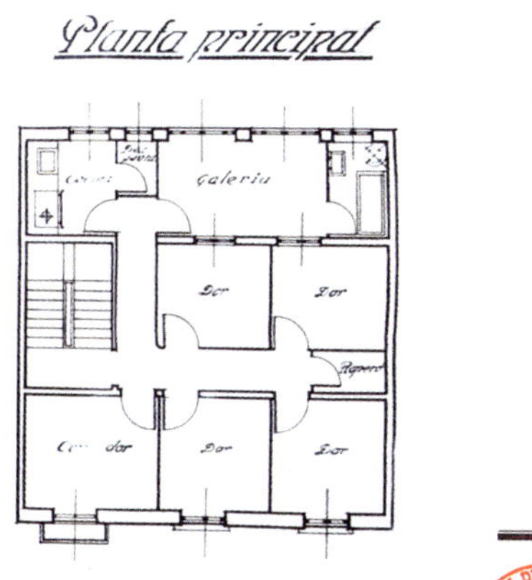

Fig.7.2. Planta baja (AHPL). **Fig.7.3.** Alzado principal (AHML).

EL BAR ROX

(Destruido en 1971)
C/ Ordoño II c/v C/ Gil y Carrasco
Promotor. Félix Delgado
Proyecto. Marzo/1934

Bar Americano promovido por Félix Delgado en un local de esquina accesible por Ordoño II. En su interior, pavimento continuo con las condiciones precisas para limpieza e higiene y zócalo del mismo material. En el ángulo izquierdo, mostrador en curva con su tapa de mármol natural; detrás, estantería de fábrica. La decoración del local partía de un cruce de vigas en el techo pasando por dos pilares octogonales decorados con fajas horizontales bajo cornisamento e iluminación indirecta. Sobre el mostrador, un techo en voladizo con vidrios en su parte baja para iluminar la barra y rematado con luz indirecta sobre destacada cornisa cuya línea moldurada recorría y culminaba unas paredes, en fajas horizontales y preparación rugosa, pintadas al oleo en gama de color descendente hacia el techo. En una planta intermedia, pequeño comedor y el reservado. Aparicio dispuso las fachadas a base de "modernos arcos escalonados de tres centros" y carpintería metálica con vidrios practicables. La puerta de madera y vidrio con una gran barra-agarradero de hierro y rodapié de aluminio pulido. Las pilastras, también fajeadas y forradas de mármol (rojo o negro) y estucadas a la "Americana". Sobre los dinteles, el rótulo: "R O X", tres letras de un metro de altas, vivos colores y luz interior para destacar de día y de noche. Todo muy Decó... ¡Un mito de la hostelería leonesa!

Fig.8.2. Perspectiva interior (AHPL).

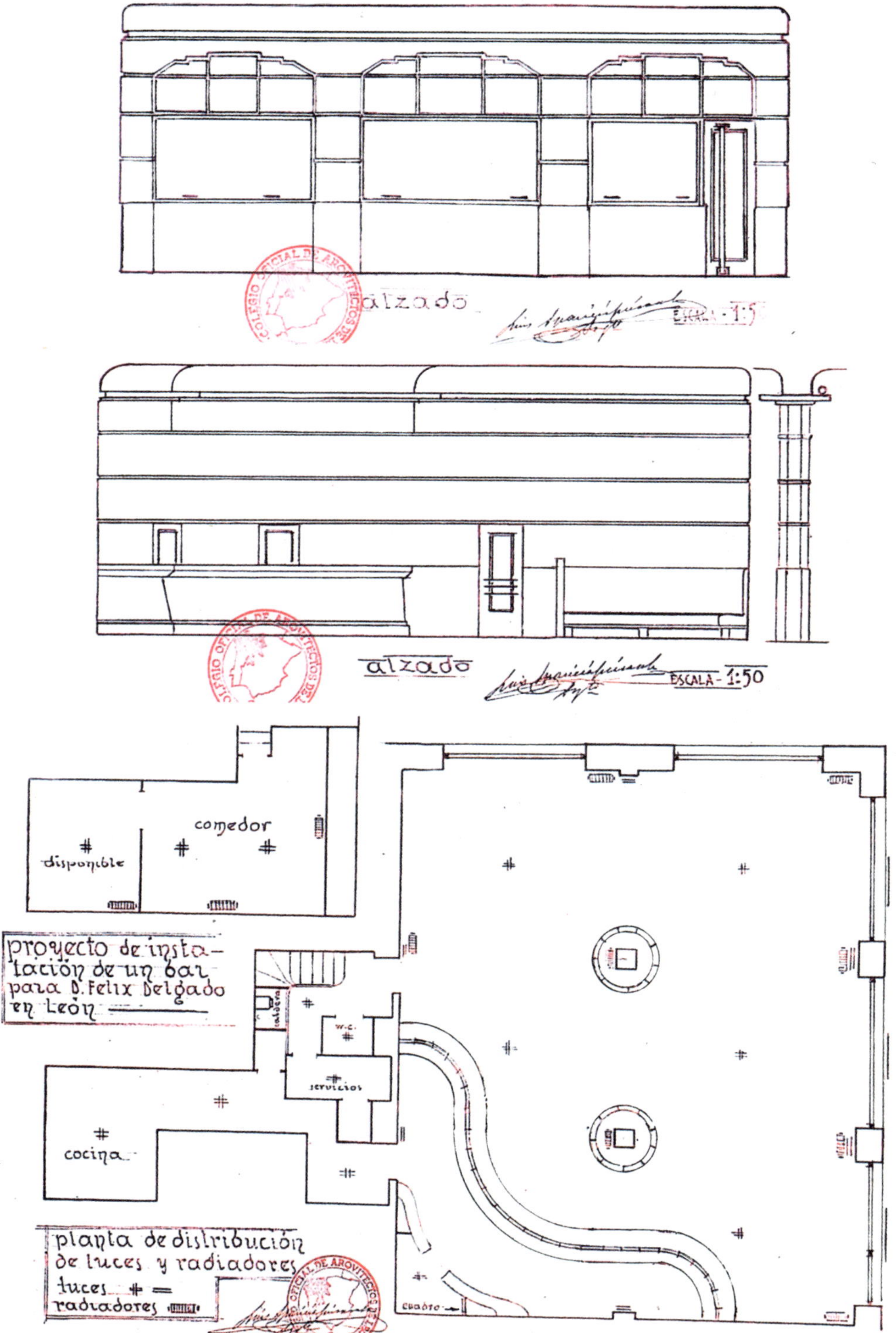

Fig.8.1. Alzado a Ordoño II, Alzado interior y Planta general (AHPL).

Fig.9.1. Fachada Principal a C/ 1º de Mayo (Hoy Avda. Padre Isla, nº100) (AHPL).

CASA PARA LUIS DE LA PUENTE

(Derribada)
Avda. Padre Isla, nº3 (entonces 1º de Mayo)
Promotor. Luis de la Puente Herrero
Proyecto- Abril/1934

Inmueble sobre un solar en pendiente y adosado a una medianera conciliando su alineación urbana con cierto carácter exento. Aparicio proyectó un sencillo prisma con estructura mixta de muros de hormigón, paredes de ladrillo y pilares de hierro centrales en planta baja. Destinó esa planta baja, parcialmente excavada, a cocheras accesibles desde la calle. La entrada peatonal a la derecha **(Fig.9.2)** para alcanzar por escalera el patio posterior y un jardín lateral elevado desde el que se accede a un pequeño portal con otra escalera para subir a una vivienda de cinco dormitorios distribuida por el típico pasillo central **(Fig.9.3).** Dispuso las fachadas entonando el revoco con el ladrillo. Abajo zócalo dibujado interrumpido por los huecos de las cocheras entre machones enfoscados bajo línea resaltada. Dos impostas limitan la primera planta significada por una franja de huecos verticales en disposición regular protegidos por carpintería reticulada de madera, contraventanas del mismo material y quitamiedos metálicos entre paños de ladrillo aparejado a tizón con las novedosas estrías de innegable aroma Art Decó. Culminando la composición un peto revocado con fina banda horizontal de ladrillo también estriado tratando de ocultar la cubierta **(Fig.9.1).** Todo muy funcional, emulando el ritmo, la velocidad y el dinamismo, esenciales en la formación del arte moderno.

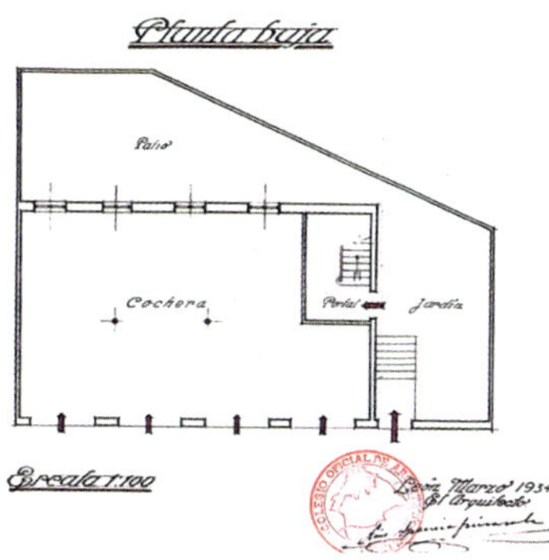

Fig.9.2. Planta baja (AHPL).

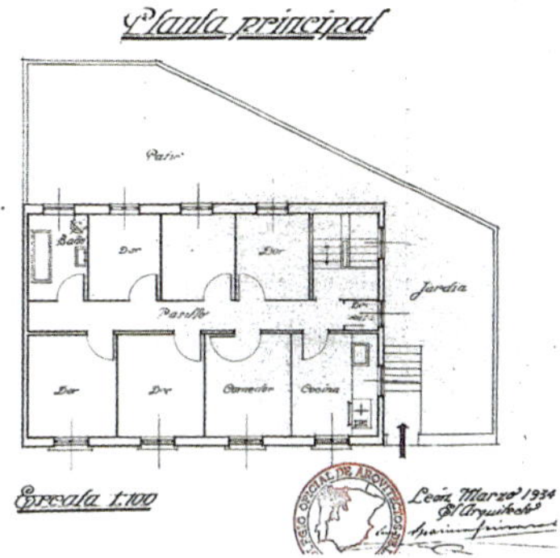

Fig.9.3. Planta principal (AHPL).

CASA PARA LUIS VILLANUEVA

C/ Sampiro nº6
Promotor. Luis Villanueva
Proyecto. Julio/1934

En julio de 1934, Luis Villanueva solicitó licencia para construir una casa destinada a vivienda propia sobre un solar de la actual calle de Sampiro (entonces Particular), en el llamado Ensanche de San Marcos, con sujeción a los planos elaborados por Luis Aparicio Guisasola, que excavó un sótano parcial para almacenaje, y dispuso en la planta baja un centrado portal alicatado con vistosos azulejos policromados, amplio hall con la escalera, despacho, sala, comedor, dormitorio de servicio, aseo, despensa y la cocina con salida a la huerta o jardín en el patio posterior **(Fig.10.3).** En la planta alta, cinco habitaciones y baño completo. La fachada a la calle principalmente revocada; en la base zócalo calado y frente axial realzado por sencilla portada bajo balcón poligonal con barandilla de octógonos. En los laterales, entrepaños de ladrillo separan ventanas superpuestas protegidas por barandillas metálicas de círculos concéntricos enlazados, muy Decó **(Figs.10.1 y 10.2),** reforzando una simetría hoy rota por la puerta de un novedoso garaje. Vivienda unifamiliar entre medianeras en el esplendor del primer Racionalismo leonés, preñada de elementos Art-Decó, sin jardín exterior, pero abierta a un espacio verde posterior que proclama su carácter intimista, tal vez más enraizado en la tradición de la arquitectura popular que en la del palacete o villa con más o menos pretensiones.

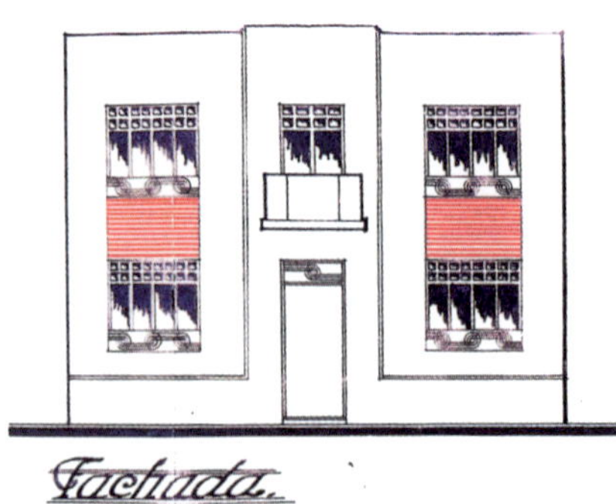

Fig.10.2. Alzado proyectado (AHML).

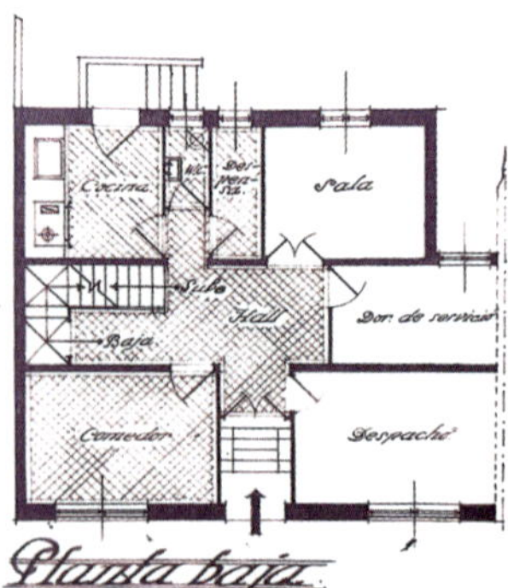

Fig.10.3. Planta baja (AHML).

Fig.10.1. Fachada principal C/ Sampiro, nº6. (Foto del Autor).

Fig.11.1. Alzado proyectado. Avda. Padre Isla, nº67 (AHML).

CASA PARA PAULINO POLO

(Proyecto no construido)
Avda. Padre Isla, nº67
Promotor. Paulino Polo
Proyecto. Mayo/1934

Casa no construida, proyectada con estructura de muros de carga en tres crujías paralelas a la calle, sobre cimientos de hormigón bajo una cubierta de madera y teja curva del país. Semisótano para dos viviendas aprovechando el desnivel entre la calle y el solar. En el entresuelo **(Fig.11.2),** dos viviendas abrazando el portal con su escalera para subir a otros dos niveles, el principal con una sola vivienda y en el segundo dos, dotadas de tres habitaciones, alcoba interior, cocina, baño, w.c. y la imprescindible galería-comedor, aquí orientada a poniente **(Fig.11.3).** La fachada a la calle entonando el revoco con el ladrillo, simétrica y en dos órdenes. En la base, zócalo horadado por los huecos apaisados del semisótano bajo otras dobles ventanas separadas por un paño de ladrillo, y en el eje sencilla portada con bellas hojas de pino, entrepaños de nogal y diseño Decó bajo una discreta visera poligonal. El orden principal con un frente central exhibiendo dos franjas de idénticos vanos verticales protegidos por delicados pretiles metálicos entre paños del mismo ladrillo. Y en los laterales, dos miradores poligonales de obra con vanos de las mismas características que equilibran la composición **(Fig.11.1).** La casa no llegó a construirse, pero en su lugar, Aparicio levantó, un año después, otro inmueble para Consuelo Martín que todavía hoy se mantiene en pie.

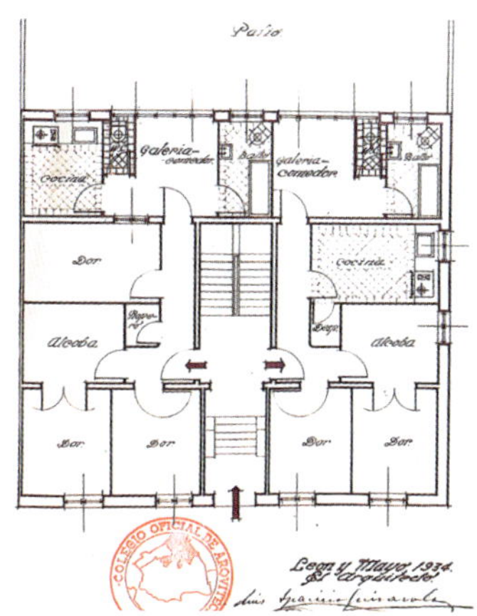

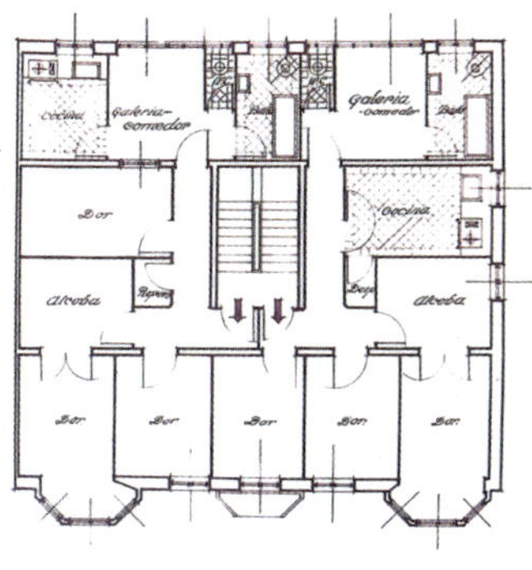

Fig.11.2. Planta baja (AHPL).   **Fig.11.3.** Planta segunda (AHPL).

CASA PARA CONSUELO MARTÍN

Avda. Padre Isla, nº67
Promotor. Consuelo Martín Díaz
Proyecto- Julio/1935

Casa en cinco niveles con estructura de muros de carga en tres crujías
paralelas a la calle. Semisótano para 2 viviendas. Una planta baja
elevada con otras 2, y el portal con su escalera al fondo para subir a
tres plantas con 6 pisos (2 por nivel), dotados de cuatro habitaciones,
cocina, despensa, baño y la inevitable galería-comedor abierta al patio
posterior orientado a poniente **(Fig.12.2).** Fachada a la calle principalmente
revocada, simétrica y en dos órdenes. En la base también dos niveles:
el inferior con zócalo adelantado y los huecos del semisótano separados
por entrepaños de ladrillo; y el superior con las ventanas de las viviendas
igualmente separadas por ladrillo; la portada inicialmente protegida por una
visera poligonal, hoy desaparecida. Una imposta lisa da paso al bloque
principal con dos cuerpos laterales levemente adelantados que abren
huecos verticales protegidos por pretiles metálicos de esmerado dibujo
y carpinterías de madera con contraventanas del mismo material. Entre
ambos cuerpos, un paño central que exhibe bandas de vanos idénticos
separados por los mismos entrepaños de ladrillo aparejado a tizón con las
juntas rehundidas. En lo más alto, una sencilla moldura, no proyectada,
protege la fachada y remata la composición **(Fig.12.1 y 12.3).** Aparicio y
aquel difuso racionalismo "al margen" con detalles Decó, que protagonizó
la arquitectura "moderna" española de los años 30… Hoy todo muy
reformado.

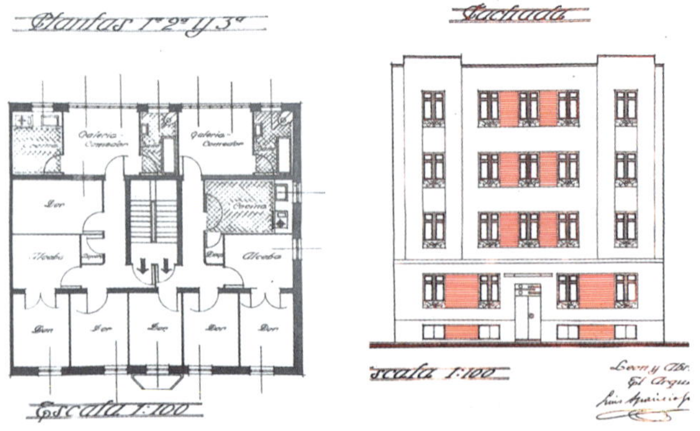

  Fig.12.2. Plantas 1ª, 2ª y 3ª (AHML).   **Fig.12.3.** Alzado proyectado (AHML).

Fig.12.1. Fachada Avda. Padre Isla, nº67 (Foto del Autor).

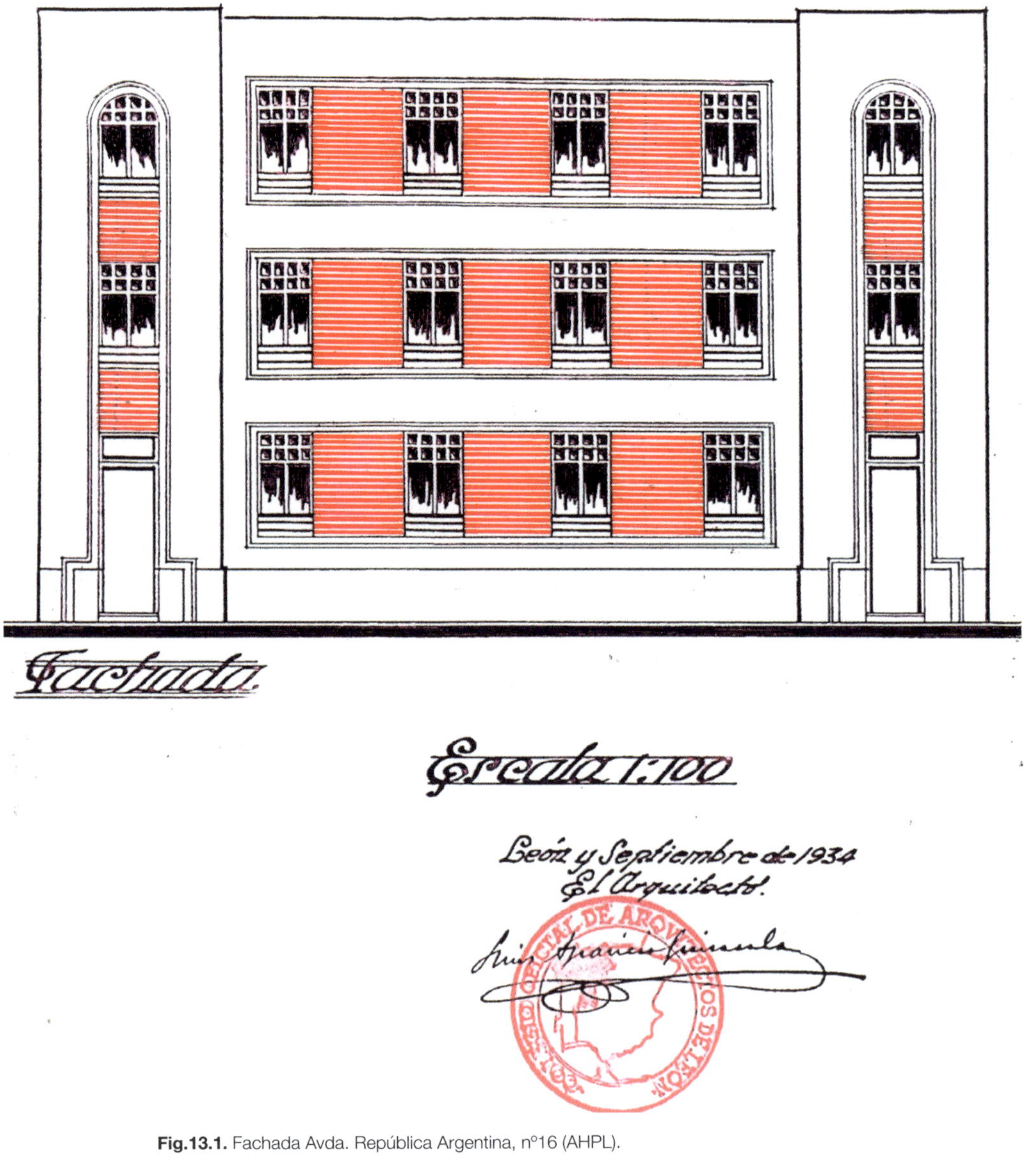

Fig.13.1. Fachada Avda. República Argentina, nº16 (AHPL).

CASAS PARA AURELIO Y FRUCTUOSO

(DERRIBADAS)
AVDA. REPÚBLICA ARGENTINA, Nº16
PROMOTORES. AURELIO FERNÁNDEZ Y FRUCTUOSO MONTAÑA
PROYECTO- SEPTIEMBRE/1934

Edificio con dos casas en disposición simétrica respecto al eje ortogonal
del solar. Estructura de muros de carga de ladrillo macizo en tres crujías
paralelas a la calle. Sin sótano, pero con cámara de aire para aislar de
humedades al entresuelo. Entresuelo con dos viviendas separadas por
dicho eje y los portales pegados a las medianeras con paso al patio
posterior bajo las escaleras de ida y vuelta que suben a dos plantas con
4 viviendas (2 para cada propietario) distribuidas en cuatro dormitorios,
comedor, cocina, baño, ropero y la imprescindible galería al patio trasero
(Fig.13.3). La fachada principal combinando el revoco con el ladrillo,
simétrica y en dos órdenes. En la base zócalo horadado por las troneras
de ventilación. En los laterales dos frentes verticales levemente destacados
con sencillas portadas enmarcadas en dos tiras de ventanas encadenadas
-la más alta arqueada- entre paños de ladrillo. Y en el centro, otro ancho
frente también revocado que exhibe tres franjas horizontales enmarcadas
abriendo vanos verticales seriados con carpinterías de madera -reticuladas
arriba-, persianas enrollables del mismo material y quitamiedos de tubo,
entre machones de ladrillo. Otra obra de Aparicio marcada por ese difuso
y personal racionalismo "al margen" o "Salmón" enriquecido con delicados
elementos Decó… y lamentablemente derribada hacia el año 2000.

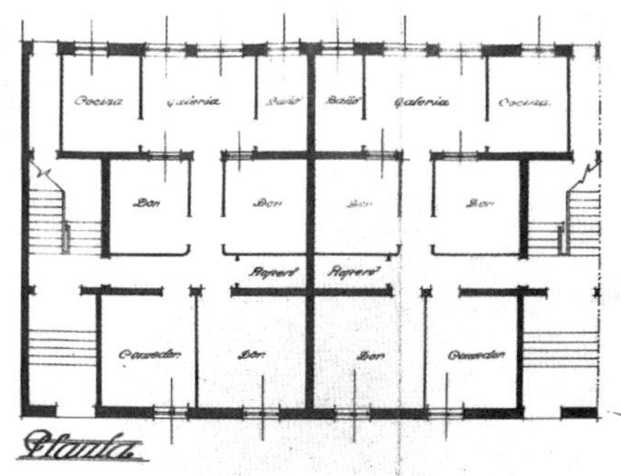

Fig.13.2. Plantas Baja (AHPL).

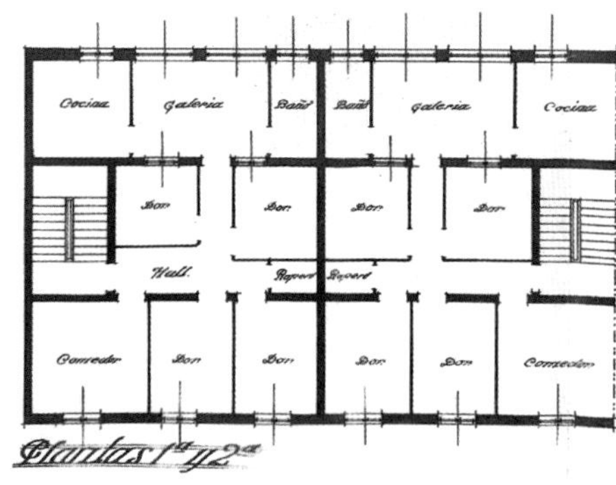

Fig.13.3. Plantas Primera y Segunda (AHPL).

CASA PARA ESTEBAN PÉREZ

C/ Alfonso IX, nº4
Promotor. Esteban Pérez
Proyecto. Sept/1934

Casa de nueva planta en el solar número 91 del plano parcelario del entonces llamado Prado del Calvario (actual calle Alfonso IX) levantada con estructura de muros de carga sobre cimientos de hormigón en tres crujías paralelas a la calle. Sin sótano. En la planta baja, dos viviendas que en la propia obra o en algún momento posterior se convirtieron en locales comerciales envolviendo un portal desplazado con su escalera centrada que sube a tres niveles y a 6 pequeñas viviendas (2 por nivel) compuestas por tres habitaciones, cocina, w.c. y la imprescindible galería hacia el patio posterior **(Fig.14.2).** La fachada a la calle combinando el revoco con el ladrillo y en dos órdenes. En la base, zócalo dibujando un marco apaisado interrumpido por los huecos de los locales y una sencilla portada entre machones de ladrillo en tono oscuro aparejado a tizón. El cuerpo de viviendas, simétrico con un paño central del mismo ladrillo abriendo dos columnas de huecos verticales recortados entre paños revocados, carpinterías de madera, contraventanas del mismo material y barandillas metálicas de inspiración Decó. En los laterales, dos frentes revocados y levemente destacados que exhiben hileras de vanos encadenados rematadas en medio punto **(Fig.14.1 y 14.3).** Todo culminado por un peto ciego no proyectado que trata de ocultar los faldones de cubierta y completa la composición.

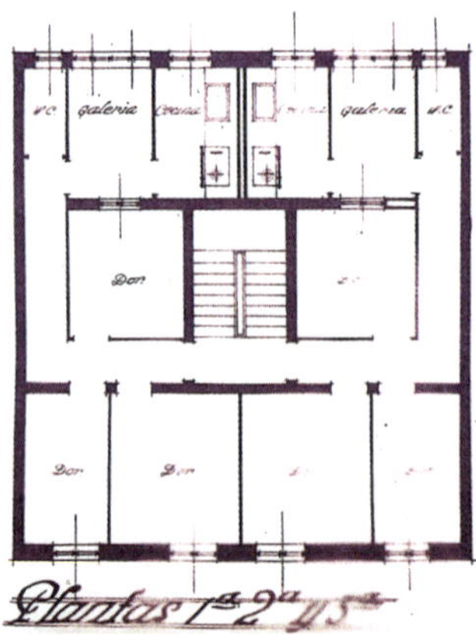

   Fig.14.2. Plantas 1º, 2ª y 3ª (AHML).   **Fig.14.3.** Alzado Proyectado (AHML).

Fig.14.1. Fachada a C/ Alfonso IX, nº4
(Foto del autor).

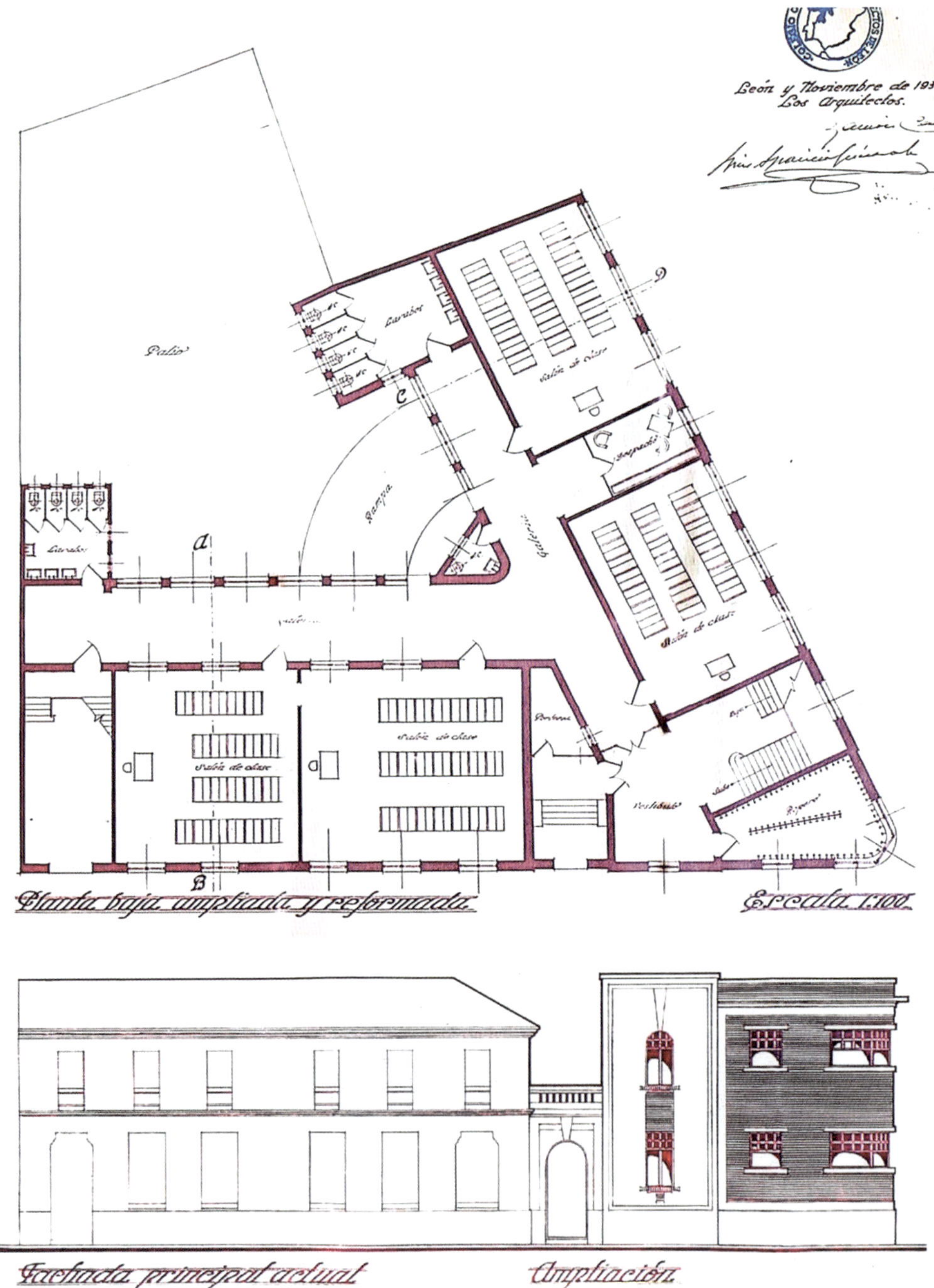

Fig.15.1. Planta Baja y Fachada a C/ Julio del Campo (actual y ampliación) (AHPL).

REFORMA Y AMPLIACION ESCUELAS JULIO DEL CAMPO

(No Realizada)
C/ Julio del Campo, nº11 c/v C/ Joaquina Vedruna
Promotor. Ayuntamiento de León
Proyecto- Noviembre/1934
Arquitectos. Ramón Cañas del Río y Luis Aparicio Guisasola

Los arquitectos idearon la reforma de las escuelas existentes elevando el piso de la planta baja para aislar las aulas de humedades, cerraron con vidrieras el soportal posterior para convertirlo en galería; reformaron la escalera y, en la planta primera, suprimieron la vivienda del director, para establecer en ella: una biblioteca, comedor, cocina, office y otras dependencias, transformando también la terraza superior en galería cubierta sobre la inferior. Proyectaron las obras de ampliación en la parte libre del solar, con fachadas a las dos calles, "procurando la continuidad con el edificio existente y respetando sus fachadas íntegramente ya que éstas se encuentran construidas en piedra de sillería y decoradas con lápidas conmemorativas y bustos en bajo relieve de personalidades leonesas, que han destacado en las distintas ramas del saber y del arte". Dichas obras, consistían en "aumentar al grupo en cuatro secciones y sus dependencias anejas", constando esta parte ampliada de planta baja y principal con acceso por un cuerpo bajo situado entre el edificio existente y la ampliación proyectada **(Fig.15.1).** Todo procurando el empleo de buenos materiales habituales (hormigón, ladrillo, revoco, madera), pero económicos, sin adoptar la piedra en las fachadas, "pues su coste sería excesivo y fuera de las posibilidades económicas de la Corporación".

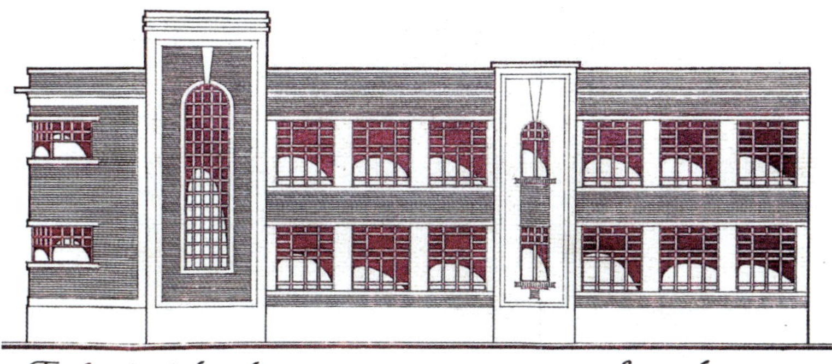

Fig.15.2. Fachada lateral, C/ Joaquina Vedruna (ampliación) (AHPL).

CASA PARA PEDRO CORTINAS

C/ Juan Madrazo, nº22
Promotor. Pedro Cortinas
Proyecto- Enero/1935

Casa con estructura de muros de carga en dos crujías paralelas a la calle.
Semisótano para carboneras y almacenes. Una planta baja elevada con
una vivienda de cuatro habitaciones **(Fig.16.3),** y el portal con su escalera
al fondo para subir a tres niveles con 3 pisos (1 por nivel) dotados de cinco
habitaciones, cocina, despensa, baño y la inevitable galería-comedor
abierta al patio posterior. La fachada a la calle, proyectada con ladrillo visto
en su parte central, hoy la vemos completamente revocada, simétrica y en
dos órdenes **(Fig.16.1 y 16.2).** En la base también bipartita: la inferior con
zócalo adelantado calado por los huecos del sótano y la parte superior con
las ventanas de la vivienda en una franja levemente retraída que también
perfila una sencilla puerta de acceso. Una imposta lisa da paso al bloque
principal con dos cuerpos laterales doblemente adelantados y remate
escalonado que abren balcones cerrados por carpinterías reticuladas
de madera con contraventanas del mismo material y protegidos por
antepechos metálicos de esmerado dibujo y geometría Decó. Entre ambos
cuerpos laterales, un paño central que exhibe dos tiras verticales del mismo
tipo de vanos encadenados separados por entrepaños cajeados con placa
realzada. Y en lo más alto, un sencillo vierteaguas protege la fachada y
remata la composición.

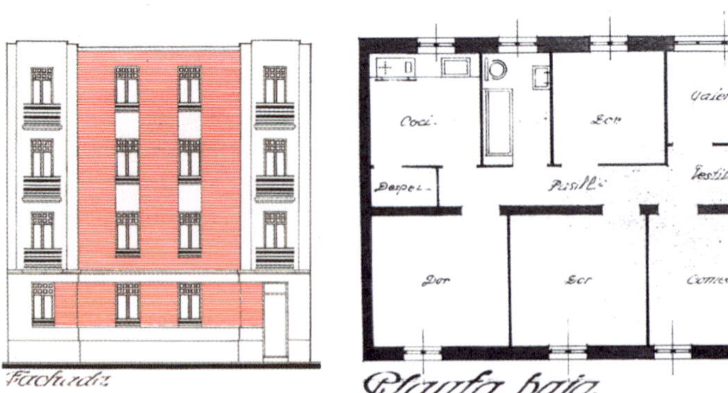

Fig.16.2. Fachada proyectada (AHML).

Fig.16.3. Planta Baja proyectada (AHML).

Fig.16.1. Fachada a C/ Juan Madrazo, nº22 (Foto del Autor).

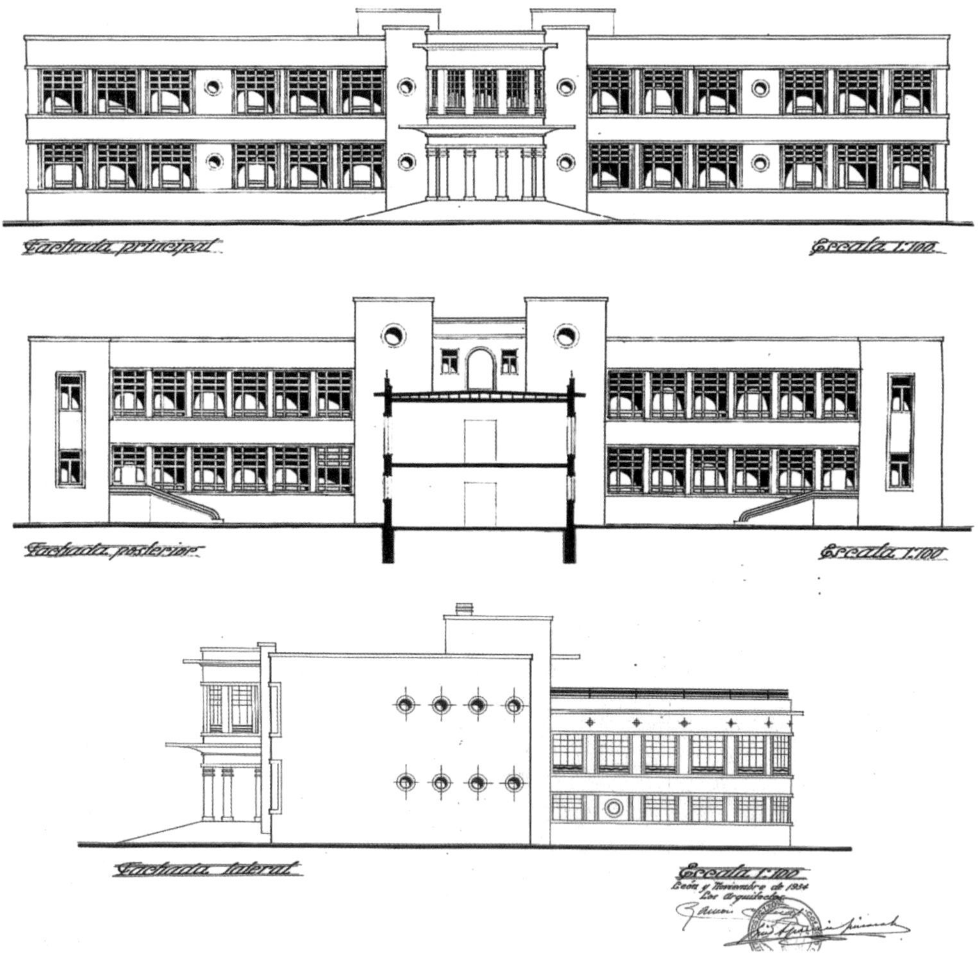

Fig.17.1. Fachadas Principal, Posterior y Lateral. Sección Longitudinal (AHPL).

ESCUELAS EN EL BARRIO DE LA VEGA

(No construidas)
Barrio de la Vega
Promotor. Ayuntamiento de León
Proyecto- Noviembre/1934
Arquitectos. Ramón Cañas del Río y Luis Aparicio Guisasola

Grupo Escolar para 400 niños por encargo del Ayuntamiento de León
en un solar irregular del Barrio de La Vega entre la Carretera de Zamora
(actual Doctor Fleming) y las vías del Ferrocarril. Tres plantas. Semisótano
para carboneras, calefacción, aseos, cocina, etc. Una entreplanta para
duchas. La planta baja accesible por rampa semicircular y porche de
paso, muy Decó, a un amplio vestíbulo, la galería, cuatro aulas con sus
guardarropas y los aseos de profesores y alumnos. Una gran escalera
imperial permite el acceso al comedor **(Fig.17.2).** La planta principal con
distribución análoga a la baja y una biblioteca en la parte central sobre
el porche y el vestíbulo de entrada… Edificio con estructura de muros
de ladrillo sobre cimientos de hormigón bajo armaduras de madera y
planchas de uralita; las terrazas planas a la catalana. Los entramados
de piso con viguetas de hierro forjados con ladrillo; pisos de madera
en clases, despachos y biblioteca; mosaico hidráulico en las demás
dependencias. En los paramentos interiores yeso fino y en las clases,
zócalos de madera. Las fachadas revocadas abriendo grandes ventanales
reticulados en aulas y galerías, barandillas de tubo y óculos de inspiración
naval **(Fig.17.1).** Todo con voluntad racionalista, funcionalista e higienista,
aderezado con elementos del repertorio Art-Decó… pero muy simétrico.

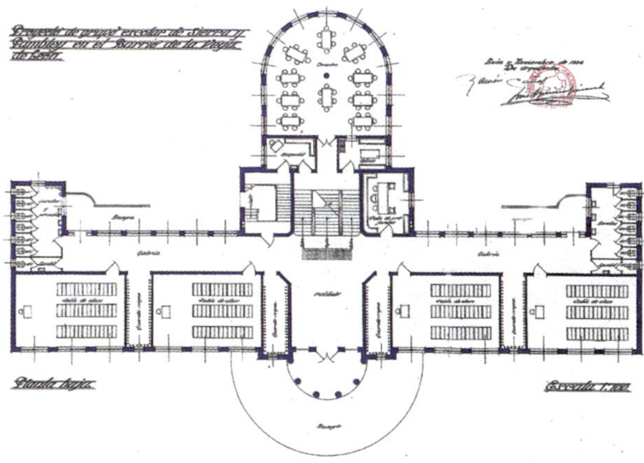

Fig.17.2. Planta Baja (AHPL).

CASA PARA DAVID ÁLVAREZ

C/ Juan Madrazo, nº17
Promotor. David Álvarez Fernández
Proyecto. Sept/1935-Oct/1947
Aparejador. Rutilio Fdez. Llamazares

Inmueble construido con muros de carga sobre cimientos de hormigón en cuatro crujías paralelas a la calle. Sótano para carboneras y almacenaje no contemplado en el proyecto. La planta baja con dos pequeñas viviendas y un estrecho portal y su escalera, bajo la cual, se accede a un patio trasero, jardín o huerto. Y en planta primera otras dos viviendas con "gabinetes" a la calle, alcobas interiores, y las cocinas, aseos y soleadas galerías al patio **(Fig.18.2).** En octubre de 1947, David Álvarez pidió autorización para elevar un segundo piso a su casa para otra buena vivienda. Aparicio había concebido una fachada de ladrillo palentino recocho cara vista aparejado a tizón, jugando con la simetría y en tres tramos: dos laterales levemente realzados con balcones en el piso principal y el central más ancho con dobles vanos protegidos por carpinterías reticuladas de madera y geométricas barandillas metálicas bajo un alero de madera **(Fig.18.1).** Sin duda Aparicio partía de la tradicional arquitectura de ladrillo, pero aquí parece influido por Antonio Flórez y su Escuela Normal de Maestros que se construía en León por aquellos años con el mismo ladrillo recocido en sus fachadas, para alguna crítica, más racionalistas (o "protoracionalistas"), al prescindir de algunos elementos decorativos academicistas.

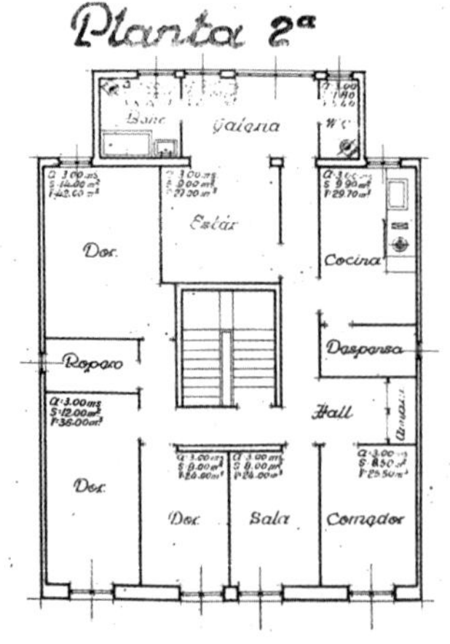

Fig.18.2. Planta segunda (AHML).

Fig.18.3. Alzado de proyecto ampliado (AHML).

Fig.18.1. Fachada C/ Juan Madrazo, nº17 (Foto del Autor).

Fig.19.1. Fachada Plaza de la Regla, nº2 (Foto del Autor).

CASA PARA LA CAJA DE AHORROS

Plaza de la Regla, nº2
Promotor. Caja de Ahorros
Proyecto. 1935
Aparejador. Rutilio Fdez. Llamazares

Casa de vecindad para la Caja de Ahorros y Monte de Piedad de León
en un espléndido solar entre medianeras de la Plaza de la Regla, frente
a la Catedral. Inmueble con muros de carga en doble crujía paralela a
la plaza y sencilla pegada a las medianeras. Sin sótano. La planta baja
con un amplio soportal y dos locales comerciales envolviendo un portal
con salida al patio posterior y su escalera para subir a cuatro niveles (el
último retranqueado) con 8 espléndidas viviendas. La fachada revocada
y cuatripartita. Basamento en soportal con pilastras toscanas de sillería
que soportan un frente principal, simétrico con sillares dibujados, hoy
lamentablemente "borrados" por el último repinte. Abajo, balcones
enmarcados, los centrales dobles. Arriba, vanos arqueados. En los
laterales, miradores de fábrica con amplios ventanales entre paños de
placa realzada. Y en lo más alto, una discreta cornisa bajo balaustrada de
prismas dibujando las azoteas de los áticos **(Fig.19.1).** Lejos de ese difuso
Racionalismo que, para algunos, caracterizaría la arquitectura republicana,
Aparicio "hacía ciudad" cómodamente instalado en un tardío Eclecticismo
de raíces academicistas, moderado, pero perfectamente integrado en el
impresionante contexto monumental que le comprometía. Posteriormente,
Javier Sanz y Felipe Moreno completarían el frente a la Catedral en "unidad
de estilo".

Fig.19.2. Alzado de los edificios frontales a La Catedral de León (Felipe Moreno Mariño dibujó) (AHML).

LA PERRONA

Avda. Condesa de Sagasta, nº26 c/v a C/ Lucas de Tuy
Promotor. Caja Provincial de Previsión
Proyecto. Junio/1935
Aparejador. Rutilio Fdez. Llamazares

Casa de vecindad promovida por la Caja Provincial Leonesa de Previsión Social, pronto conocida como "La Perrona", en un solar de la Avda. Condesa de Sagasta c/v a Lucas de Tuy. Edificio con muros de carga. Un semisótano para trasteros, calefacción y vivienda del portero. La planta baja con el portal y 2 viviendas alrededor de un patio entre dos enlaces verticales, principal y de servicio que suben a siete plantas simétricas con 14 generosas "viviendas sociales" distribuidas por un largo pasillo **(Fig.20.2).** Los alzados exteriores también simétricos y tripartitos. Basamento revocado con la entrada de servicio por Lucas de Tuy y la portada principal en el eje del chaflán… Al parecer, en aquellos trascendentales años 30 plagados de incertidumbres, Aparicio también titubeaba, y trataba de disipar sus dudas acercándose a la arquitectura de Cañas y Torbado: portal y escaleras axiales, dos buenos pisos-pasillo por planta, ladrillo aparejado a tizón en planos de fachada, cuerpos volados revocados, balcones contiguos rematados en curva, barandillas de tubo… pero también clásica ordenación tripartita, frentes ornamentales, vanos muy moldurados con innegable pretensión decorativa **(Fig.20.1)…** ¿Moderno Racionalismo prebélico?... Más bien una arquitectura híbrida de raíces académicas y carácter epidérmico, hoy… ¡caóticamente repintada!

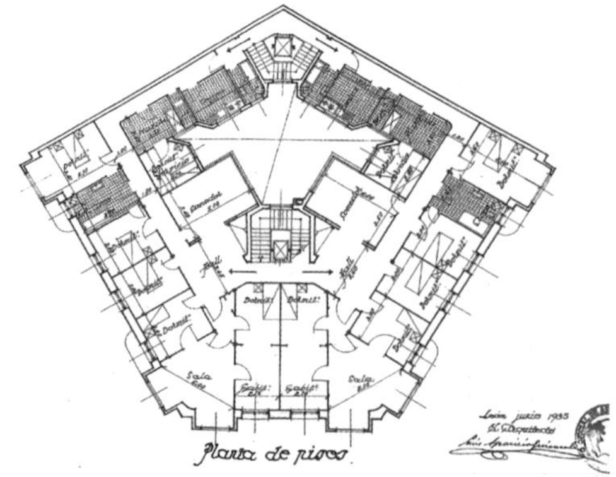

Fig.20.2. Planta de pisos (AHML).

Fig.20.3. Perspectiva (AHML).

Fig.20.1. Fachada chaflán Condesa de Sagasta c/v a Lucas de Tuy (Foto del autor).

Fig.21.1. Fachada C/ Corredera, nº26 (Foto del Autor).

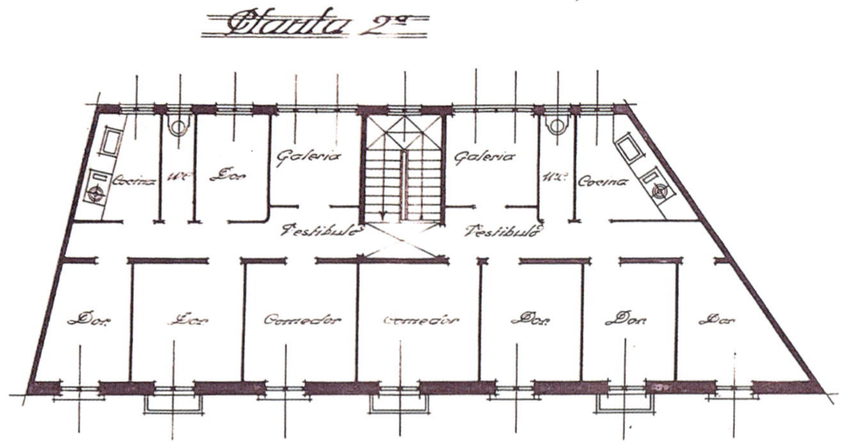

Fig.21.3. Alzado proyectado de la elevación. (AHML).

CASA PARA ÁNGEL SANTOS

C/ Corredera, nº26
Promotor. Ángel Santos
Proyecto- Noviembre/1935
Aparejador. Rutilio Fdez. Llamazares

En noviembre de 1935, Alberto Fernández Fernández, contratista de obras, solicitó permiso para construir una casa de planta baja y piso en el lugar denominado "La Corredera" para Don Ángel Santos según proyecto redactado por Luis Aparicio Guisasola. En diciembre del mismo año, Fernández volvió a pedir autorización para elevar un piso a la casa en construcción. Aparicio levantó la casa con muros de ladrillo en doble crujía. Sin sótano. La planta baja con 2 viviendas flanqueando un portal centrado con salida a un patio trasero y su escalera para subir a los dos niveles finales con otras 4 viviendas (2 por nivel) dotadas de cuatro dormitorios, cocina, aseo y la inevitable galería orientada al patio a poniente **(Fig.21.2)**. La fachada de ladrillo cara vista estructurada por machones laterales e impostas revocadas; simétrica y en dos órdenes. En la base, sencilla portada enmarcada y arqueada en el eje, zócalo revocado y franja de ladrillo bajo una planta baja entre dos impostas que abre vanos verticales con carpinterías de madera inicialmente pintada de verde, pretiles metálicos sobre repisas y atractivos alfices estucados. En el orden principal, idénticas ventanas entre balcones superpuestos con los mismos atributos. Y arriba otra imposta bajo el alero de madera que protege la fachada y culmina la composición **(Fig.21.1 y 21.3)**.

Fig.21.2. Planta Segunda (AHML).

CASA PARA CLEMENTE ARROYO

C/ Bernardo del Carpio nº5
Promotor de la casa. Clemente Arroyo Nistal (1936)
Arquitecto. Luis Aparicio Guisasola
Aparejador. Rutilio Fdez. Llamazares
Promotor de la elevación. Manuel Cantalapiedra (1945)
Arquitecto. Ramón Cañas del Río
Aparejador. Mariano González Flórez

En abril de 1936, Luis Aparicio Guisasola firmó este edificio para Clemente Arroyo Nistal en un solar entre medianeras de la calle Bernardo del Carpio cuyas obras dirigió con Rutilio Fernández Llamazares como aparejador. Proyectó la casa con muros de carga. El portal en el eje con la escalera al fondo para bajar a un sótano y subir a 6 viviendas en tres plantas **(Fig.22.3).** En junio de 1945, Manuel Cantalapiedra, nuevo propietario de la finca, solicitó permiso para elevar otra planta con 2 viviendas más y planos de Ramón Cañas del Río, con Mariano González como aparejador. Aparicio había concebido un alzado simétrico (casi regular) estructurado por bandas horizontales ligeramente resaltadas y revocadas separando filas de huecos verticales entre graduados machones también estucados. La "sencilla" portada con su guardapolvo y tragaluz, y las geométricas barandillas de forja ante ventanas reticuladas de madera cuidadosamente dibujadas en los planos y hoy casi todas sustituidas **(Figs.22.1 y 22.2),** proclaman el compromiso de Aparicio con esa arquitectura Art-Decó tan "cercana" al denominado Racionalismo "heterodoxo" o "al margen", asociado a la denominada "Ley Salmón" que la II República promulgó, para impulsar la construcción de viviendas de alquiler y reducir el paro obrero, el año anterior al estallido de la Guerra…

Fig.22.2. Primer Alzado (AHML).

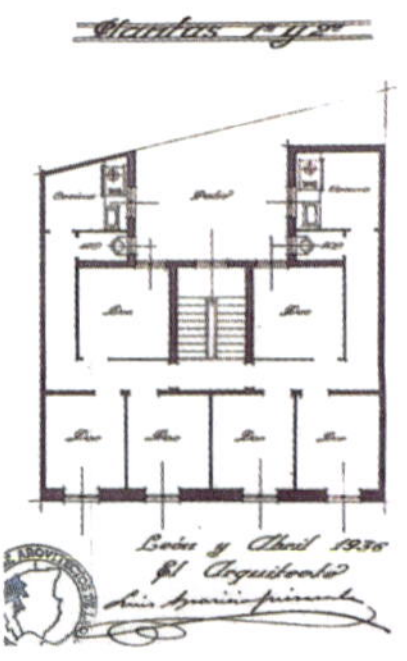

Fig.22.3. Planta pisos (AHML).

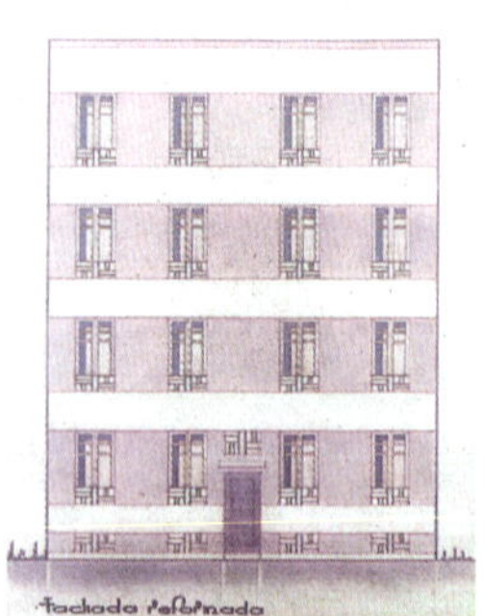

Fig.22.4. Alzado Ramón Cañas (AHML).

Fig.22.1. Fachada C/ Bernardo de Carpio, nº5
(Foto del autor).

Fig.23.1. Fachada C/ Santisteban y Osorio, nº5 (Foto del Autor).

CASA PARA EMILIO ORDÓÑEZ

C/ Santisteban y Osorio, nº5
Promotor. Emilio Ordoñez Díez
Proyecto. Febrero/1936
Aparejador. Rutilio Fdez. Llamazares

Casa con estructura de muros de carga en tres crujías paralelas a la calle bajo una cubierta a dos aguas conformada por armaduras de madera y teja curva. Sótano para carboneras no contemplado en el proyecto. La planta baja con dos viviendas abrazando un portal centrado con escalera iluminada por lucernario que sube a tres plantas con otras 6 viviendas (2 por rellano) distribuidas por pasillo: las habitaciones vivideras a la calle, la cocina, un baño completo y la imprescindible galería acristalada a un patio posterior **(Fig.23.2).** La fachada principal totalmente revocada, simétrica y sutilmente tripartita. En la base, zócalo horadado por las troneras del sótano y sencilla portada axial con sus jambas destacadas. A ambos lados, dobles vanos enmarcados por finas líneas bajo una imposta lisa que da paso al orden principal conformado por dos frentes laterales estructurados por franjas con idénticos vanos y geométricos pretiles metálicos entre más líneas realzadas alternando con bandas opacas que contraponen su horizontalidad al sentido ascendente de dos piastras laterales y una tira vertical enmarcada con vanos encadenados dibujada en un estrecho frente axial destacado que recorre la fachada y parece sostener un discreto alero de madera que remata una composición **(Fig.23.1 y 23.3)...** hoy sobradamente repintada.

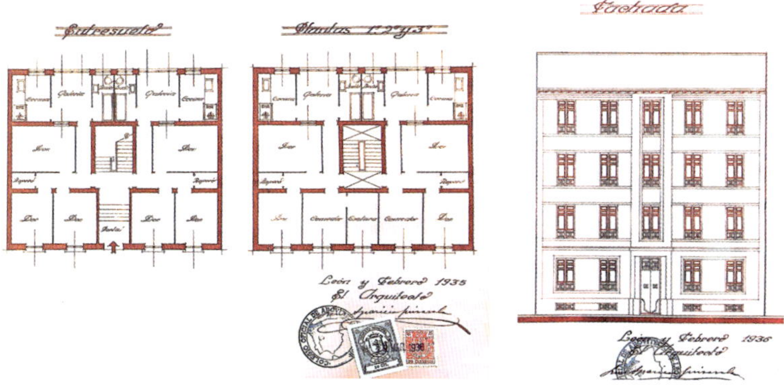

Fig.23.2. Plantas, baja y de pisos (AHML).

Fig.23.3. Alzado principal AHML).

CASA PARA ALBERTO FERNÁNDEZ

C/ Fuero, nº5
Promotor. Alberto Fernández Álvarez
Arquitecto. Luis Aparicio Guisasola
Proyecto. Diciembre/1936
Aparejador. Luis Sanz Fernández

Casa con muros de carga en tres crujías paralelas a la calle y sótano no contemplado en el proyecto. La planta baja para dos viviendas y el portal en el eje con escalera de ida y vuelta iluminada por lucernario para subir a dos plantas con 4 viviendas de tres habitaciones, cocina, despensa y baño, distribuidas por vestíbulo y pasillo alrededor de dos patinejos medianeros entre la calle y un patio posterior con las imprescindibles galerías **(Fig.24.3).** La fachada exterior completamente revocada, sin cuerpos volados, simétrica y tripartita. En la base zócalo calado por las troneras del sótano bajo ventanas enmarcadas escoltando una portada axial con jambas lisas, dintel escalonado y clave realzada. Una imposta lisa precede al cuerpo principal ordenado por huecos superpuestos enmarcados en dos bloques laterales levemente realzados que flanquean un frente central ordenado por líneas horizontales que separan parejas de grandes ventanales, también enmarcados y protegidos por carpinterías de madera reticuladas y pretiles metálicos de geometría Decó. Un alero de madera protege la fachada y completa la composición. Recién iniciada la guerra, Aparicio parece retornar a composiciones academicistas con un lenguaje depurado de elementos ornamentales clasicistas perfeccionados con otros del repertorio Art Decó. Todo rematado por el siempre reconocible alero de tradición castiza.

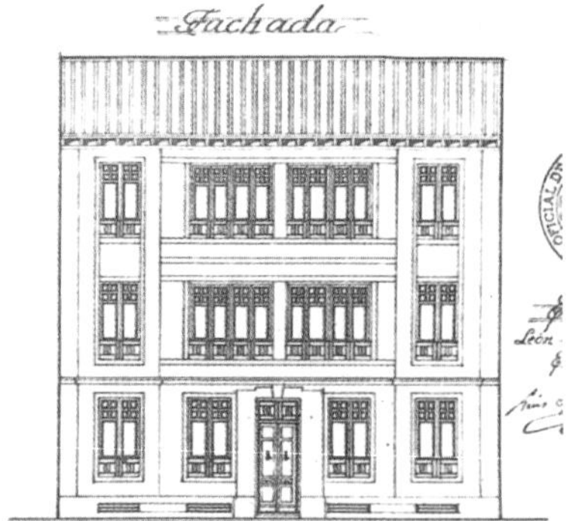

Fig.24.2. Alzado principal (AHML).

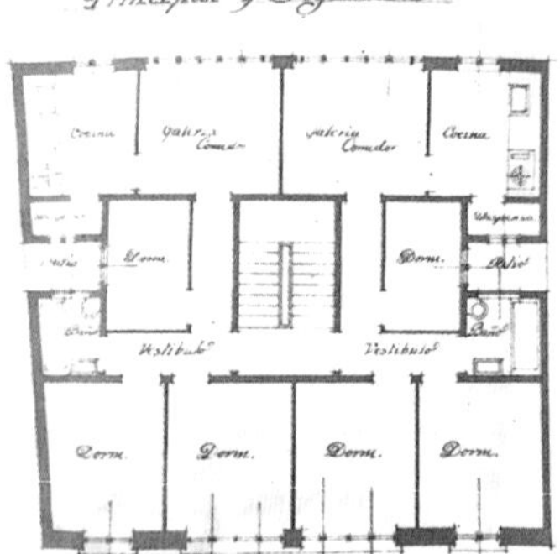

Fig.24.3. Planta de pisos (AHML).

Fig.24.1. Fachada a C/ Fuero (Foto del autor).

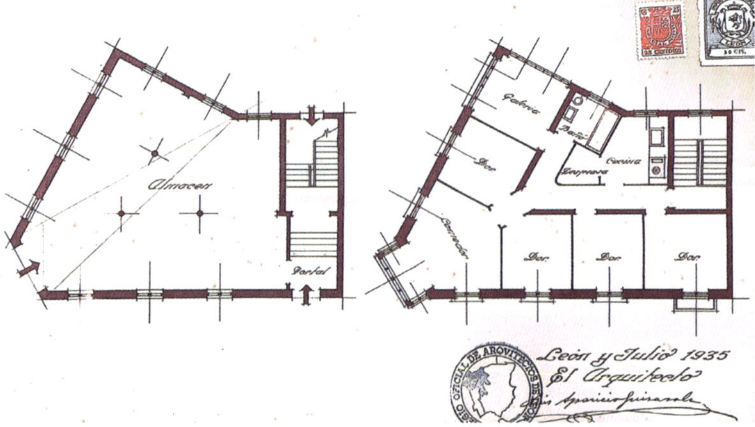

Fig.25.1. Fachada C/ Federico Echevarría, nº14 (Foto del autor).

Fig.25.2. Plantas, Baja y Primera (AHML).

CASA PARA PERFECTO RABADÁN

C/ Federico Echevarría, nº14 c/v a C/ La Vecilla
Promotor. Perfecto Rabadán Álvarez
Proyecto. Julio/1935
Aparejador. Eduardo Martínez

Casa en un solar de esquina, achaflanado, levantada con estructura mixta de muros de carga y pilares de hierro interiores en dos crujías paralelas a las calles. Sin sótano. La planta baja para un "almacén" o local comercial y el portal pegado a la medianera derecha con escalera de ida y vuelta para subir a la planta superior con una buena vivienda de cuatro dormitorios exteriores, comedor en el chaflán, cocina, despensa y baño hacia el patio posterior, además de una espléndida galería acristalada de esquina y todo distribuido por un apropiado pasillo **(Fig.25.2).** La fachada exterior completamente revocada. El cuerpo bajo del local con una banda de ventanas separadas por paños fajeados (hoy totalmente alterados) entre un zócalo destacado y una imposta con marquesina comercial de nueva implantación. El cuerpo superior entre otras dos impostas lisas, abre vanos verticales limpiamente recortados sobre repisas con carpinterías reticuladas de madera y quitamiedos de doble tubo. En el chaflán, mirador de obra con amplios ventanales. En el extremo izquierdo la galería de doble ventanal y en el derecho un frente doblemente destacado de traza vertical, remate escalonado, sencilla portada abajo y balcón arriba con antepecho de bella cerrajería Decó **(Figs.25.1 y 25.3).** Un peto ciego oculta la cubierta y completa la composición.

Fig.25.3. Alzado desarrollado (AHML).

CASA PARA JOAQUÍN RODRÍGUEZ

(DERRIBADA)
C/ ROA DE LA VEGA, Nº28 c/v C/ COLÓN
PROMOTOR. JOAQUÍN RODRÍGUEZ
PROYECTO- MAYO/1936

Casa con muros de carga sobre cimientos de hormigón bajo cubierta
de madera y teja curva del país. Semisótano para carboneras y otros
espacios para desahogo de las viviendas. En el entresuelo, dos pequeñas
viviendas **(Fig.26.2)** a ambos lados del portal con su escalera de cuatro
tramos para subir al piso principal destinado a una sola vivienda dotada
de seis habitaciones, cuarto de estar, cocina, lavadero, baño y ropero
comunicados por amplio vestíbulo y apropiado pasillo **(Fig.26.3)**. Los
alzados revocados y en dos órdenes. En la base, pequeño zócalo bajo
franja retraída con los huecos del semisótano flanqueando una portada
desplazada con jambas destacadas y dintel escalonado bajo tragaluz.
En el orden principal, un frente central estructurado por dinámicas líneas
decorativas en bandas horizontales opacas alternando con franjas de
vanos, unos verticales y otros apaisados más amplios en la esquina
curva. En los extremos, dos cuerpos levemente resaltados con dos vanos
encadenados en hilera vertical enmarcada. Y en lo más alto, un alero de
madera protegiendo la fachada y culminando la composición **(Fig.26.1)**.
A destacar el diseño de la puerta, la bella carpintería reticulada de madera
y la extraordinaria cerrajería en rejas y pretiles trazados con el mismo
motivo geométrico adaptado a la forma precisa del vano, de innegable
ascendencia Art-Decó.

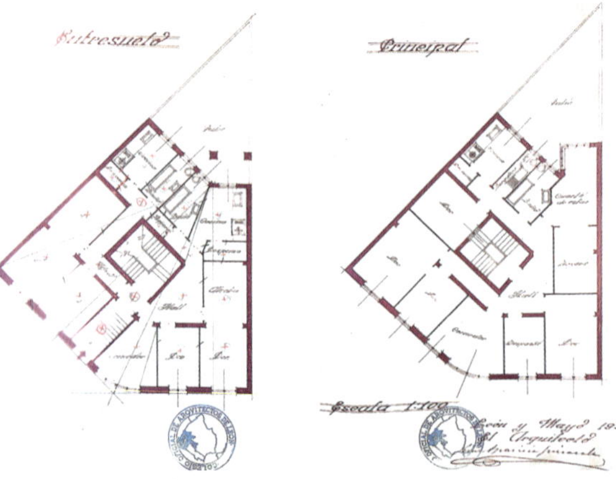

Fig.26.2. Planta de Entresuelo (AHML).

Fig.26.3. Planta de Pisos (AHML).

Fachada

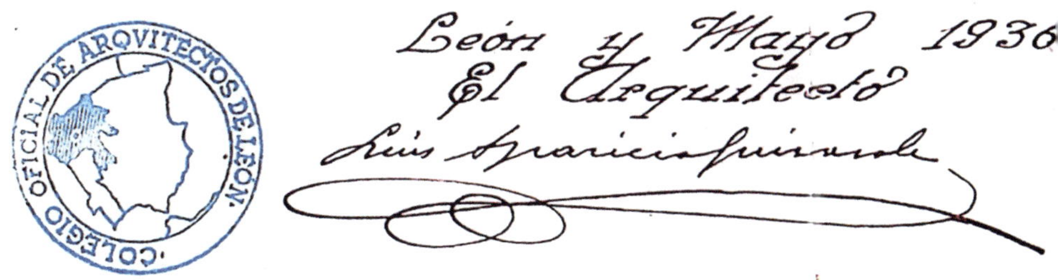

Fig.26.1. Fachada Proyectada. C/ Roa de la Vega, 28, c/v C/ Colón (AHML).

Fig.27.1. Chaflán C/ El Paso, nº6 c/v a C/ Regidores. (Foto del autor).

CASA PARA BENIGNO NEIRA

C/ El Paso, nº6, c/v a C/ Regidores
Promotor. Benigno Neira
Proyecto. 1935
Aparejador. Rutilio Fdez. Llamazares

En noviembre de 1935, Benigno Neira (acreditado prestamista) solicitó
permiso para derribar dos casas entre las calles de El Paso y la entonces
Gumersindo de Azcárate (actual Regidores), y construir una sola,
ajustándose a las nuevas alineaciones aprobadas, y acogiéndose a los
beneficios de "la ley del Paro Obrero" o "Ley Salmón" recién promulgada.
A finales de 1937, Neira solicitó otro permiso para elevar una planta más
al edificio, que finalmente fueron dos. Aparicio proyectó un sótano para
servicios comunes y un almacén vinculado al local comercial que dispuso
en la planta baja, junto al portal por El Paso con su escalera **(Fig.27.3)**
y posterior ascensor para subir a cuatro plantas con 8 viviendas, y un
pequeño ático interior para el portero. Alzados completamente revocados.
Abajo, escaparates escalonados ajustados a las pendientes de las calles.
El bloque principal ordenado por bandas horizontales entre impostas lisas
(Figs.27.1 y 27.2) que articulan huecos, macizos, miradores, balcones
vinculados y aislados sobre la portada… Dinámicas fachadas asimétricas
manifestando al exterior la distribución interior, con diversidad formal
acorde a la categoría de las calles, y articuladas por bandas e impostas
que contraponen su horizontalidad a los verticales huecos y columnas de
miradores en búsqueda de los anhelados equilibrios… ¡Puro racionalismo
funcionalista!

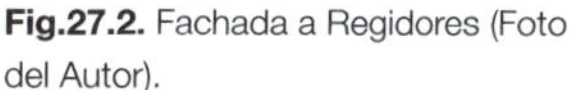

Fig.27.2. Fachada a Regidores (Foto del Autor).

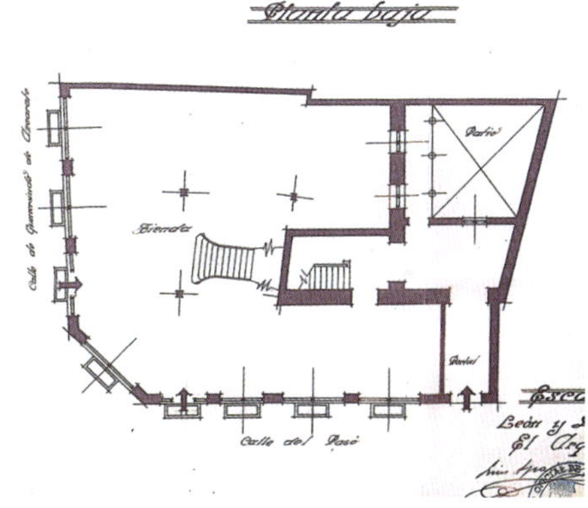

Fig.27.3. Planta sótano proyectada (AHML).

CASA PARA GONZÁLEZ Y ROLDÁN S.A. (I)

C/ Bernardo del Carpio, nº12
Promotor. González Roldán S.A.
Proyecto. Junio/1938
Aparejador. Rutilio Fdez. Llamazares

En junio de 1938, Luis Aparicio proyectó tres edificios para González Roldán SA en un gran solar entre las calles Santisteban y Osorio, Bernardo del Carpio y la entonces calle CD del ensanche sur (hoy Alfonso IX). Levantó el inmueble de Santisteban y Osorio c/v a Bernardo del Carpio con muros de carga de ladrillo macizo. Excavó un semisótano para carboneras y almacenes. El entresuelo con 2 viviendas y dos tiendas, una por cada calle, además del portal con la escalera para subir a cuatro plantas con 12 pisos, el de la esquina completamente exterior y los otros dos con las principales estancias a la calle y los servicios a un amplio patio **(Fig.28.3)**. Dispuso los alzados revocados, simétricos respecto al eje del chaflán y en dos órdenes. En la base, huecos apaisados bajo otros verticales. En los laterales, miradores con ventanas protegidas por refinadas barandillas Decó, como los contiguos balcones, más largos en plantas primera y cuarta. En el chaflán, tiras enmarcadas de ventanas encadenadas sobre una sencilla portada entre ventanas **(Fig.28.1 y 28.2)**. En plena Guerra Civil, Aparicio combinaba elementos Decó con otros del catálogo funcionalista más desornamentado, para trazar fachadas simétricas, pero de "innegable modernidad", sin duda encuadrada en ese racionalismo "al margen" o "Salmón" considerado por algunos autores representativo del periodo republicano.

Fig.28.2. Alzado lateral (AHML).

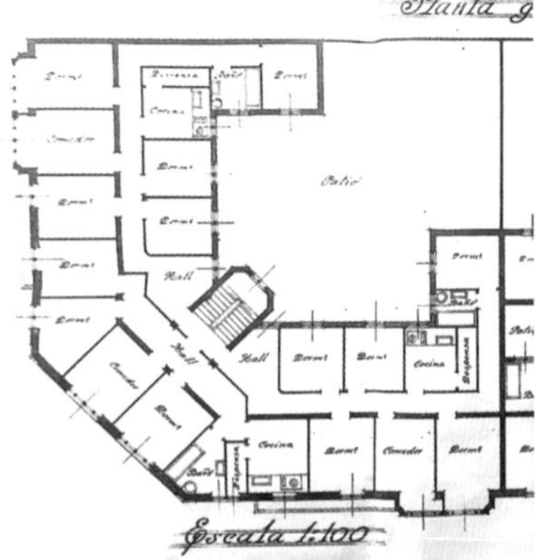

Fig.28.3. Planta de pisos (AHML).

Fig.28.1. Fachada Chaflán. Bernardo del Carpio, nº12, c/v a Santisteban y Osorio (Foto del autor).

Fig.29.1. Fachada. C/ Alfonso IX, nº1. (Foto del autor).

EDIFICIO ALFONSO IX, 1

C/ Alfonso IX, nº1
Promotor. González y Roldán S.A.
Proyecto. Junio/1938
Aparejador. Rutilio Fdez. Llamazares

Casa de vecindad con estructura de muros de carga de ladrillo macizo.
Un semisótano parcial para carboneras y almacenes. El entresuelo con
2 viviendas y una tienda, además del portal con su escalera para subir
a cuatro plantas y 12 viviendas más **(Fig.29.2)**. La fachada exterior en
dos órdenes, simétrica, completamente revocada… y hoy sobradamente
repintada. En la base, pequeño zócalo calado bajo las ventanas del
entresuelo. El frente principal con dos miradores de grandes vanos
cuadrados protegidos con armónicas barandillas Decó, como los
adyacentes balcones (más largos en plantas primera y cuarta), a los que
abren vanos separados por paños retraídos entre franjas horizontales
opacas que acometen a un estrecho frente axial más avanzado con
remate escalonado y huecos encadenados entre antepechos ciegos
sobre una exquisita portada, hoy maltratada por ese ridículo tejadillo y
los siempre odiosos cables que ocultan un bello frontis graduado de
clave realzada **(Fig.29.1 y 29.3)**. En pleno conflicto bélico, encontramos
al Aparicio partidario de las distribuciones interiores convencionales tras
fachadas ordenadas y equilibradas, ajustadas a ese impreciso racionalismo
moderado, "heterodoxo" o "al margen" mezclado con elementos Decó, e
impulsado en toda España por la denominada Ley Salmón promulgada por
la República el año anterior al estallido de la Guerra.

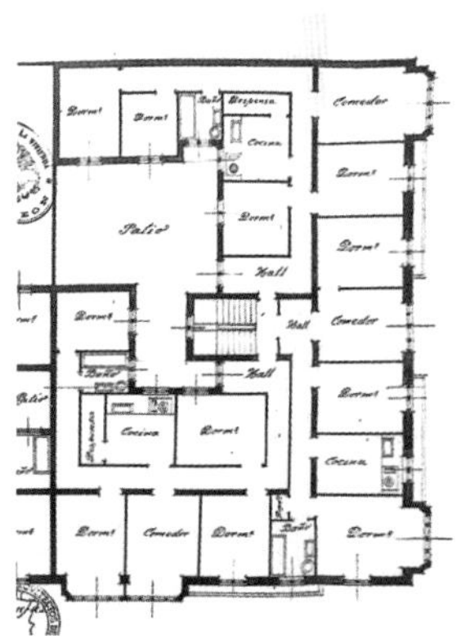

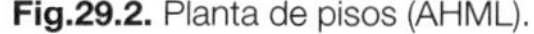

Fig.29.2. Planta de pisos (AHML).   **Fig.29.3.** Alzado lateral (AHML).

CASA PARA PEDRO ÁLVAREZ

(Derribada)
C/ Roa de la Vega, nº35
Promotor. Pedro Álvarez
Proyecto. Noviembre/1938
Aparejador. Rutilio Fdez. Llamazares

Pequeña casa de renta con estructura de muros de ladrillo macizo
sobre cimientos de hormigón bajo cubierta de armaduras de madera
de chopo y teja curva del país. Inicialmente sin sótano. Una planta de
entresuelo **(Fig.30.2),** elevada sobre la rasante de la calle para aislarla
de las humedades del terreno, con 2 viviendas envolviendo el portal y su
escalera para subir a la planta principal para otras 2 viviendas dotadas de
cuatro y cinco habitaciones, cocina, despensa y baño enlazados por el
típico pasillo entre la calle, un patinejo central, dos medianeros y el patio
posterior **(Fig.30.3).** El alzado exterior esencialmente revocado, simétrico,
en tres tramos y dos órdenes. Abajo, una imposta lisa a modo de zócalo
bajo las troneras para ventilación de la cámara de aire. En el frente central,
dos franjas horizontales enmarcadas con vanos verticales separados
por estriados entrepaños de ladrillo, la inferior invadida por una sencilla
portada con guardapolvo liso bajo tragaluz protegido, como los vanos, por
geométrica cerrajería Decó. En los laterales, dos cuerpos de traza vertical
levemente destacados exhiben hileras enmarcadas con idénticos vanos
encadenados entre el mismo ladrillo, para sobrepasar el peto que oculta la
cubierta con su imposta de remate **(Fig.30.1)** y equilibrar una exquisita y
depurada composición academicista... ¡Tan moderna!

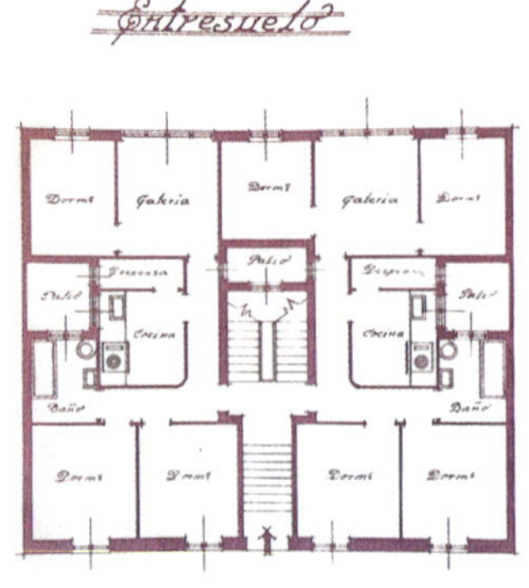

 Fig.30.2. Planta de entresuelo (AHML).   **Fig.30.3.** Planta principal (AHML).

Fig.30.1. Fachada proyectada. C/ Roa de la Vega, nº35 (AHML).

Fig.31.1. Fachada C/ Juan Lorenzo Segura, nº5. (Foto del autor).

CASA PARA PETRA RODRÍGUEZ

C/ Juan Lorenzo Segura, nº5
Promotor. Petra Rodríguez Álvarez
Proyecto. Febrero/1938
Aparejador. Rutilio Fdez. Llamazares

En julio de 1938. Luis Aparicio proyectó esta casa para Petra Rodríguez Álvarez en un solar entre medianeras de la entonces calle M.C. del Ensanche Norte, actual Juan Lorenzo Segura. Levantó el inmueble con estructura de muros de carga de ladrillo macizo sobre cimientos de hormigón. Excavó un semisótano parcial para carboneras y almacenes. El entresuelo con una vivienda, además del portal pegado a la medianera derecha con paso al patio trasero y la escalera para subir a tres plantas con 3 pisos distribuidos en seis habitaciones, cocina, despensa, baño, w.c. de servicio y la inevitable galería-comedor **(Fig.31.3).** Dispuso los alzados combinando el ladrillo con el revoco en dos órdenes y tres frentes: uno central más ancho y dos laterales levemente destacados, ambos de ladrillo abriendo vanos verticales con carpinterías de madera y quitamiedos metálicos. A la derecha, sencilla portada con destacadas jambas y dintel escalonado. El frente central ordenado por franjas de ladrillo alternando con bandas de idénticos huecos verticales (los del entresuelo hoy recortados) entre paños revocados. Y todo bajo un apropiado alero de madera que protege la fachada y remata la composición **(Figs.31.1 y 31.2).** Sorprendentemente, Aparicio dispone aquí ladrillo en frentes laterales y franjas, y revoco en los entrepaños de los huecos, contrariamente a lo acostumbrado por él.

Fig.31.2. Alzado principal (AHPL).

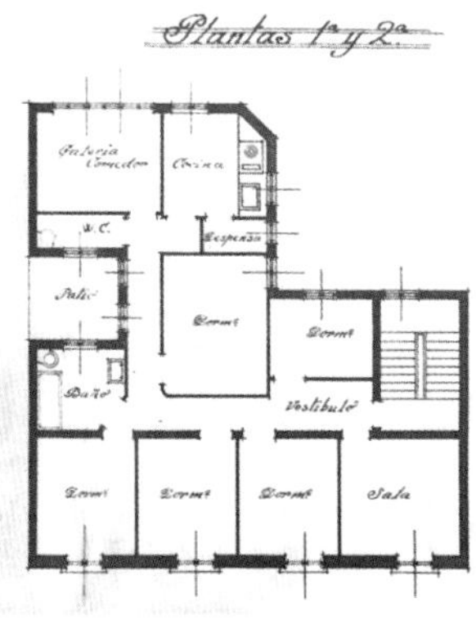

Fig.31.3. Plantas, primera y segunda (AHPL).

CASA PARA IRENE ARIAS

(Proyecto no construido)
C/ Burgo Nuevo, nº15
Promotor. Irene Arias Rodríguez
Proyecto. Julio/1938

En julio de 1938, Luis Aparicio firmó esta casa de vecindad, que no se construyó, para Irene Arias Rodríguez en un solar de su propiedad entre las calles Burgo Nuevo y M (actual Fuero) Proyectó la casa con muros de carga perimetrales y pilares en el centro de la planta baja sobre cimientos de hormigón bajo cubierta de madera y teja curva del país. Excavó un sótano parcial para carboneras. La planta baja **(Fig.32.2)** para "almacenes" y el portal centrado con su escalera para subir a tres niveles con 6 viviendas de alquiler, cada una con seis habitaciones, cocina, despensa y baño enlazados por el típico pasillo entre las calles y tres patinejos: uno central y dos medianeros **(Fig.32.3).** Dispuso los alzados exteriores completamente revocados, simétricos, en tres tramos, y en dos órdenes separados por imposta lisa. En la base, zócalo interrumpido por los huecos de los almacenes. En los laterales dos frentes estructurados por bandas horizontales y otras franjas de vanos verticales y paños ciegos entre finas líneas decorativas que acentúan el dinamismo de una fachada equilibrada por la traza vertical de estilizados machones en los extremos y un destacado cuerpo central con la típica portada de Aparicio: jambas destacadas, dintel escalonado y clave dibujada, bajo una hilera de idénticos vanos encadenados y enmarcados con la misma clave que enfatiza la composición **(Fig.32.1).**

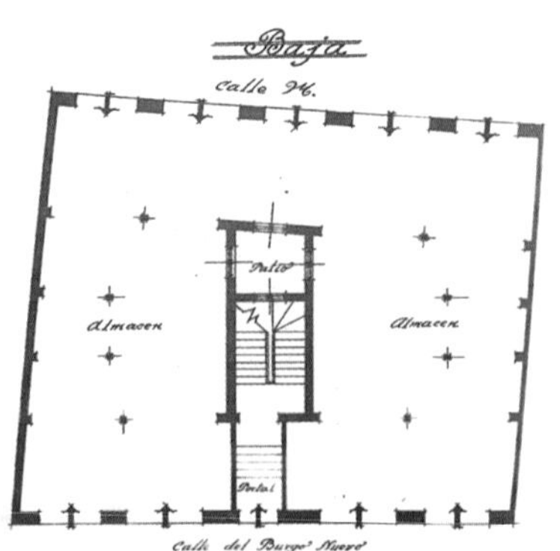

  Fig.32.2. Planta baja (AHML).   **Fig.32.3.** Planta de pisos (AHML).

Fig.32.1. Fachada Proyectada. C/ Burgo Nuevo, nº15 (AHML).

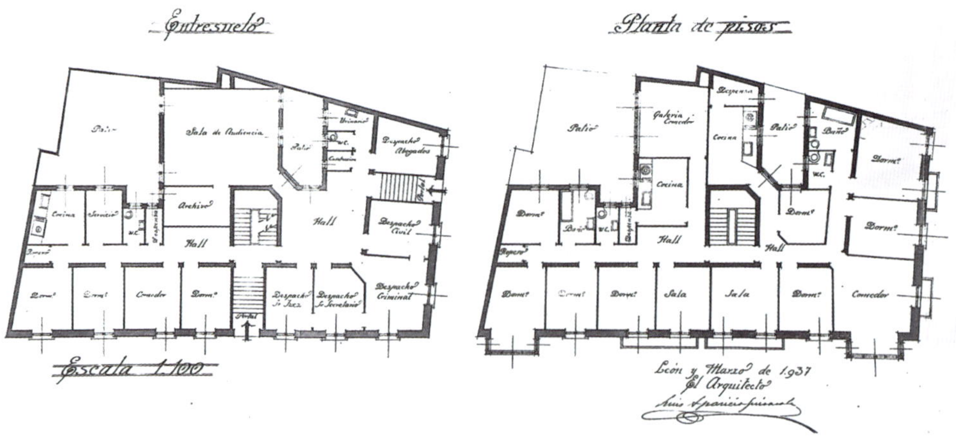

Fig.33.1. Fachada C/ El Cid c/v Plaza de San Isidoro. (Foto del autor).

Fig.33.2. Plantas de Entresuelo y de Pisos (AHPL).

CASA PARA EL MONTE DE PIEDAD

C/ El Cid, nº15 c/v a Plaza de San Isidoro
Promotor. Monte de Piedad y Caja de Ahorro de León
Proyecto. Marzo/1937
Aparejador. Rutilio Fdez. Llamazares

Inmueble de fábrica de ladrillo sobre cimientos de hormigón cubierto con armaduras de madera de chopo y teja curva del país. Un semisótano para carboneras, una pequeña vivienda para la portera y 2 viviendas más en torno a dos patios de luces. El entresuelo con una vivienda a la izquierda y "otra" a la derecha destinada a oficinas del entonces "Juzgado de Instrucción de esta Capital" con entrada independiente por la plaza de San Isidoro **(Fig.33.2).** El portal principal por El Cid, con su escalera para bajar al sótano y subir a las plantas primera y segunda con 4 viviendas más **(Fig.33.3).** Las fachadas en extraña ordenación tripartita. En la base un zócalo revocado horadado por los huecos del semisótano. Las portadas con destacadas jambas y dintel escalonado bajo bello tragaluz Decó. Entre dos impostas, el entresuelo de ladrillo visto abriendo ventanas sobre repisas con carpinterías reticuladas, geométricos pretiles metálicos bajo dintel y ménsulas a modo de alfiz. En el orden superior, idénticas ventanas y balcones (sencillos en la fachada lateral y dobles y sencillos en la principal), entre dos miradores de obra **(Fig.33.4 y 33.5).** Cerraba la composición un apropiado alero de madera, hoy sustituido por otro despampanante **(Fig.33.1)** colocado cuando, se reformó el edificio para acomodar un piso más bajo cubierta en su nuevo destino como establecimiento hotelero.

Fig.33.3. Alzados de proyecto. C/ El Cid y Plaza de San Isidoro. (AHPL).

CASA PARA RESTITUTO DE PAZ

C/ Suero de Quiñones, nº7
Promotor. Restituto de Paz del Río
Proyecto. Julio/1938
Aparejador. Rutilio Fdez. Llamazares

Casa con muros de carga en cuatro crujías paralelas a la calle. En el
semisótano las carboneras. Y en el entresuelo 2 viviendas rodeando un
centrado portal con escalera de tres tramos para subir a dos niveles con 4
viviendas más **(Fig.34.2).** La fachada simétrica de ladrillo visto con aparejo
español (a tizón), entre dos estrechos machones revocados sobre un
zócalo horadado. Sencilla portada con guardapolvo y tragaluz en el eje.
El entresuelo con ventanas geminadas sobre lineales repisas bajo dintel
continuo, apoyado en ménsulas. En las plantas primera y segunda un
mirador de obra, también revocado, que exhibe carpinterías de madera en
amplios vanos dispuestos, como las ventanas, entre rectilíneos alfeizares
y dinteles corridos con geométricas barandillas de forja, igual que los
contiguos balcones acabados en curva, a los que abren huecos con los
mismos guardapolvos sobre consolas. Y coronando la fachada, un "panel
desnudo" de ladrillo enmarcado para completar la composición **(Fig.34.1
y 34.3).** En tiempos de incertidumbre, Aparicio ponderaba las apariencias.
Siempre instalado en los límites de la Modernidad, diluía su característico
y todavía reconocible "racionalismo prebélico" en una arquitectura híbrida,
academicista, bien proporcionada y moderadamente ornamentada,
matizándola con la refinada elegancia del Art-Decó.

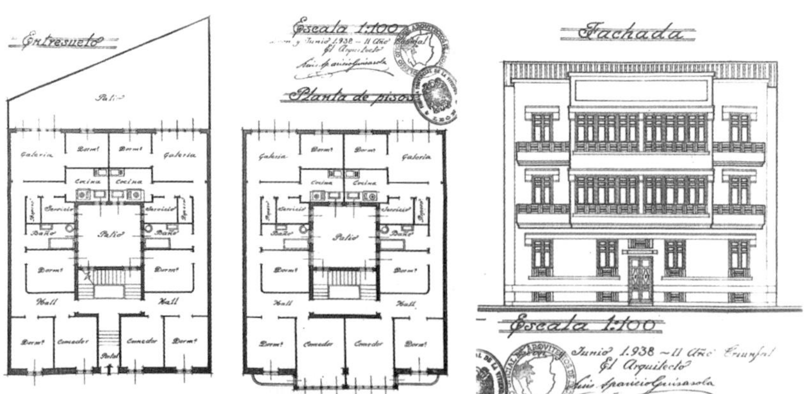

Fig.34.2. Plantas, baja y de pisos (AHML).   **Fig.34.3.** Alzado principal (AHML).

Fig.34.1. Fachada a C/ Suero de Quiñones, nº7. (Foto del autor).

Fig.35.1. Fachada a C/ Suero de Quiñones, nº9. (Foto del autor).

CASA BERNARDINO DE PAZ

C/ Suero de Quiñones, nº9
Promotor. Bernardino de Paz del Río
Proyecto. Diciembre/1939
Aparejador. Rutilio Fdez. Llamazares

Casa con muros de carga en cuatro crujías paralelas a la calle. Sótano
parcial para carboneras. En la planta baja "almacenes" rodeando un
centrado portal con escalera de tres tramos para subir a tres niveles
con 6 viviendas de tres dormitorios en torno a un patio interior y con
la imprescindible galería al de manzana buscando el sol del mediodía
(Fig.35.3). Fachada simétrica en dos órdenes. En la base sencilla portada
en el eje entre los huecos de las tiendas bajo un discreto guardapolvo
corrido. El cuerpo principal de ladrillo visto, entre dos estrechos machones
revocados, que en sus tres niveles nos presenta un atractivo mirador
también estucado y delicadamente moldurado, que exhibe carpinterías de
madera en amplios vanos dispuestos entre rectilíneos alfeizares y dinteles
corridos con geométricas barandillas de forja, igual que los contiguos
balcones de antepechos ciegos acabados en curva. Y coronando
la fachada, un "panel desnudo", de ladrillo enmarcado **(Figs.35.1 y
35.2).** Terminada la Guerra, Aparicio levantó esta Casa para Bernardino
colindante con la construida dos años antes para su hermano Restituto.
Y lo hizo proyectando con idéntico lenguaje las mismas viviendas,
pero elevándolas sobre una planta baja comercial, recreándose en esa
arquitectura híbrida y moderadamente academicista, como siempre
enriquecida con la refinada elegancia del Art Decó.

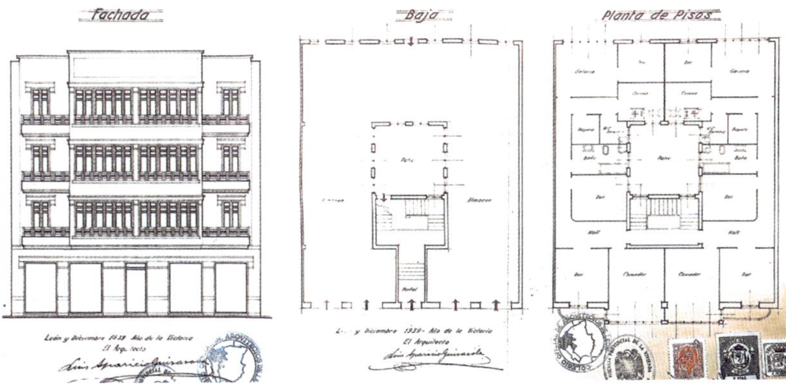

Fig.35.2. Alzado principal (AHML).   **Fig.35.3.** Planta de pisos (AHML).

CASA PARA GREGORIO ARIAS

AVDA. ROMA, Nº15
PROMOTOR. GREGORIO ARIAS DÍEZ
PROYECTO. AGOSTO/1939
APAREJADOR. RUTILIO FDEZ. LLAMAZARES

Edificio con muros de carga en tres crujías paralelas a la calle, la última con sótano para carboneras y trasteros. En el eje de la planta baja, el portal con su escalera entre dos viviendas que, al año siguiente, durante el transcurso de las obras, se convirtieron en locales comerciales al elevar una planta más a la casa para alojar las mismas 6 viviendas del proyecto inicial, distribuidas entre tres pequeños patios interiores y otro posterior **(Fig.36.2).** La fachada a la calle simétrica y en dos órdenes. En la base los huecos de las tiendas flanqueando una sencilla portada axial con bella hoja de madera (hoy sustituida) bajo un dintel muy moldurado y poco resaltado. El orden principal con fondo de ladrillo en tres niveles abriendo, de forma regular, nueve vanos de proporción vertical entre repisas, destacado alfiz con elemental guardapolvo y pretiles de bella geometría Decó ante una "carpintería corriente" de madera (hoy recambiada). Y en los laterales dos depurados miradores de obra exhibiendo amplios vanos cuadrados en un escueto y casi elemental ejercicio de composición acorde con posibles modelos centroeuropeos **(Figs.36.1 y 36.3).** Aparicio siempre en los límites de la modernidad, para conciliar, con su habitual maestría, las innegables raíces academicistas con el Art Decó y otros elementos surgidos de su imaginario protorracionalista.

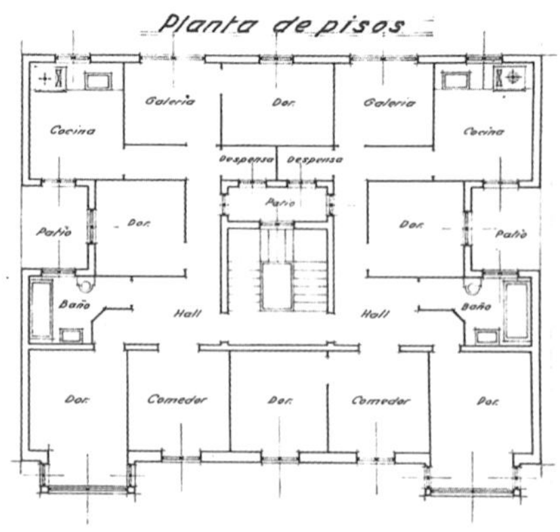

Fig.36.2. Planta de pisos (AHML).

Fig.36.3. Fachada principal (AHML).

Fig.36.1. Fachada a Avda. Roma, nº15. (Foto del Autor).

Fig.37.1. Fachada proyectada. C/ Álvaro López Núñez, nº24 (AHPL).

CASA PARA JOSÉ GÓMEZ

(Derribada)
C/ Álvaro López Núñez, nº24
Promotor. José Gómez
Proyecto. Enero/1939
Aparejador. Rutilio Fdez. Llamazares

Casa de vecindad con estructura de muros de carga de ladrillo macizo en doble crujía a fachada y sencilla a las medianeras; cimientos de hormigón y cubierta de armaduras de madera y teja curva del país. Semisótano aprovechando el desnivel del solar para carboneras en la crujía de fachada y dos viviendas hacia el patio posterior. En el entresuelo **(Fig.37.2),** otras 2 viviendas además del portal y su escalera para subir a dos plantas con 4 viviendas más, de seis habitaciones distribuidas por largo pasillo en L pegado a las medianeras enlazando las estancias que conforman un amplio patio abierto posterior **(Fig.37.3).** La fachada principal combinando el revoco con el ladrillo, simétrica y en tres tramos. Los laterales entre dos estilizados machones sobre zócalo mínimo y estructurados por bandas revocadas con líneas horizontales separando franjas de vanos verticales protegidos por geométricos quitamiedos metálicos entre paños de ladrillo. El frente central levemente destacado, también revocado y con ordenación tripartita. Abajo sencilla portada entre dos huecos del semisótano. En el entresuelo, un paño de ladrillo con pareja de vanos enmarcados y tragaluz central. Y más arriba, cuatro amplios ventanales, también enmarcados bajo el típico remate escalonado de Aparicio sobrepasando los aleros de obra que protegen la fachada **(Fig.37.1)...** ¡Todo muy Decó!

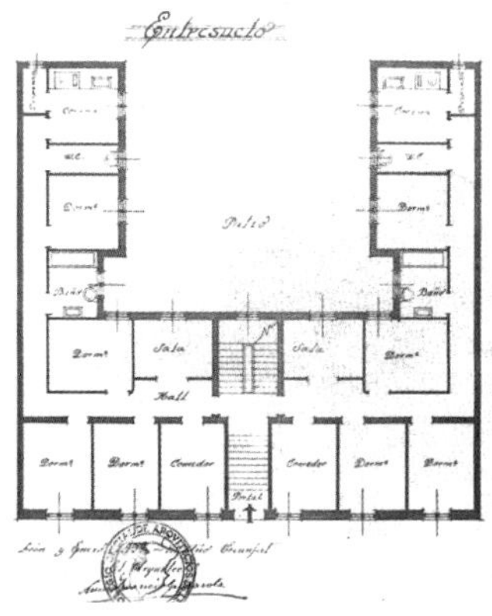

Fig.37.2. Planta de entresuelo (AHPL).

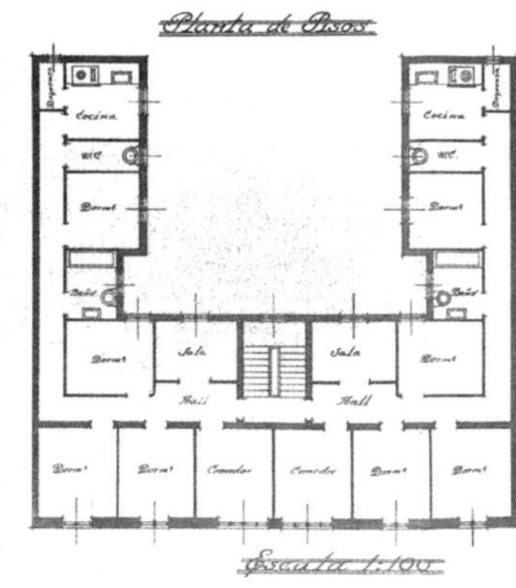

Fig.37.3. Planta de pisos (AHPL).

CASA PARA ESTEBAN MARTÍNEZ

(Derribada)
C/ Sampiro nº8
Promotor. Esteban Martínez Álvarez
Proyecto. Enero/1939

Casa de vecindad en un solar rectangular entre medianeras de la calle
Sampiro. Estructura de muros de carga sobre cimientos de hormigón bajo
una cubierta de armaduras de madera de chopo y teja curva del país.
Sin sótano. La planta baja **(Fig.38.2)** con dos "almacenes" accesibles
directamente desde la calle, flanqueando a un portal con paso al patio trasero
y su escalera de ida y vuelta para subir a las plantas principal y segunda, con
4 viviendas compuestas de cinco habitaciones, galería-comedor, cocina,
despensa, baño y w.c. de servicio, distribuidas entre la calle, un pequeño
patio interior, dos medianeros y otro posterior **(Fig.38.3)**. La fachada principal,
simétrica y en dos órdenes. Basamento estucado y levemente resaltado
interrumpido por los huecos de los locales y la característica portada axial
de Aparicio: jambas destacadas y dintel escalonado de aroma Decó. Una
imposta da paso al orden superior de ladrillo aparejado a tizón con las
juntas rehundidas. En su parte central, vanos verticales y cuadrados en
franjas separadas por lineales dinteles y alfeizares en bandas revocadas
que contraponen su horizontalidad al efecto ascendente de dos miradores
de obra con amplios vanos en su frente, también protegidos por pretiles
metálicos de bella geometría Decó, que ordenan la fachada y sobrepasan el
alero de obra que remata la composición **(Fig.38.1)**.

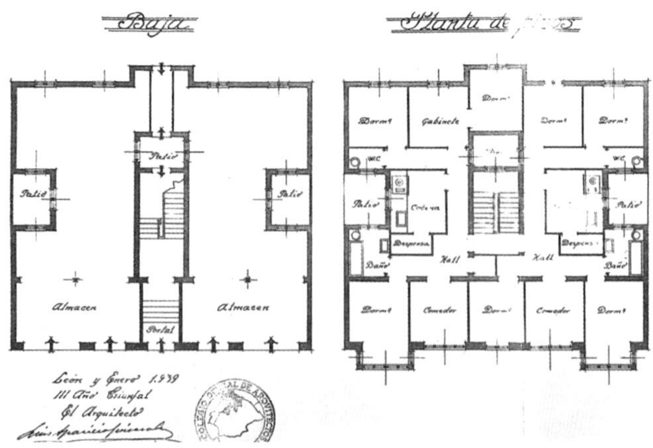

   Fig.38.2. Planta baja y Planta de pisos (AHPL).

Fig.38.1. Fachada proyectada. C/ Sampiro, nº8 (AHPL).

Fig.39.1. Fachada C/ Sampiro, nº3. (Foto del autor).

CASA PARA JOSÉ VÁZQUEZ

C/ Sampiro, nº3
Promotor. José Vázquez González
Proyecto. Noviembre/1938
Aparejador. Luis Sanz Fernández

En noviembre de 1938, José Vázquez González solicitó licencia para construir una casa de vecindad (con baja más dos plantas) en un solar entre medianeras de la calle Sampiro según proyecto redactado por Luis Aparicio Guisasola, quien también se comprometió a dirigir las obras con Luis Sanz Fernández como aparejador. En julio de 1951, Vázquez vuelve a solicitar permiso para elevar un piso a su casa, que finalmente fueron dos. Inmueble con muros de carga. Un sótano para carboneras. La planta baja para dos viviendas, el portal y su escalera para subir a cuatro plantas con 8 pisos **(Fig.39.3).** Los alzados completamente revocados; el exterior, simétrico y tripartito. Basamento con zócalo calado entre tiras realzadas bajo las ventanas del entresuelo abiertas en franjas retraídas. En el eje, portada con jambas lisas, dintel escalonado y clave dibujada, hoy irreconocible, bajo una imposta que da paso al orden principal, donde franjas de ventanas dotadas de carpinterías reticuladas y pretiles metálicos de delicadas geometrías, alternan con bandas lisas que contraponen su horizontalidad a un estilizado frente axial con idénticos huecos en hilera bajo el castizo alero de madera que remata la composición **(Figs.39.1 y 39.3).** Aparicio y su equilibrado racionalismo prebélico, pretendidamente desornamentado, pero oportunamente aderezado con discretos elementos Decó.

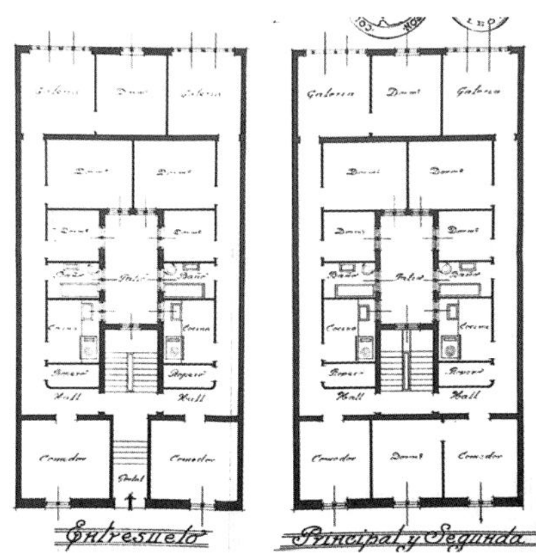

Fig.39.2. Plantas, entresuelo, principal y segunda (AHML).

Fig.39.3. Alzado principal (AHML).

117

CASA PARA JOSÉ CIMADEVILLA

C/ SAMPIRO, Nº5
PROMOTOR. JOSÉ CIMADEVILLA
PROYECTO. DICIEMBRE/1938
APAREJADOR. RUTILIO FDEZ. LLAMAZARES

Casa con muros de ladrillo sobre cimientos de hormigón y cubierta con armaduras de madera y teja curva del país. Planta de entresuelo con una vivienda y el portal con su escalera para subir a tres plantas con otras tres viviendas **(Fig.40.2)**. El alzado a la calle combinando el revoco con el ladrillo en dos órdenes cambiados de mano respecto al proyecto. En la base, zócalo destacado con apaisados huecos de ventilación. Sobre dicho zócalo, recintos apaisados y enmarcados con paños de ladrillo que separan parejas de huecos verticales protegidos por carpinterías de madera y pretiles metálicos de geometría Decó. A la izquierda, sencilla portada de jambas, dintel escalonado y clave realzada hoy oculta tras "esos odiosos cables". Una imposta lisa da paso al cuerpo principal con tres idénticas bandas de huecos entre ladrillo perfectamente aparejado a tizón, que contraponen su horizontalidad al sentido ascendente del frente lateral sutilmente realzado sobre la portada, que exhibe idénticas ventanas encadenadas en hilera. Todo bajo otra imposta lisa y el alero de madera que culmina la fachada **(Fig.40.3)**. Huyendo de la simetría, Aparicio parece romper las rígidas normas academicistas al jugar con elementos aparentemente autónomos, a la búsqueda de los anhelados equilibrios dinámicos en un tipo de composición profusamente ensayada por él mismo.

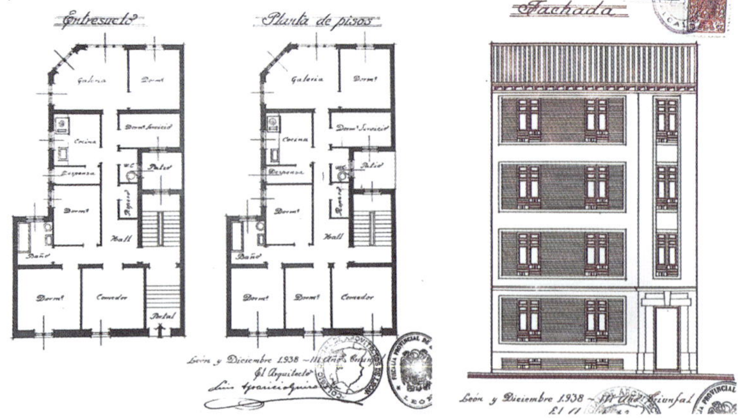

   Fig.40.2. Plantas baja y de pisos (AHML).   **Fig.40.3.** Alzado principal (AHML).

Fig.40.1. Fachada C/ Sampiro, nº5. (Foto del autor).

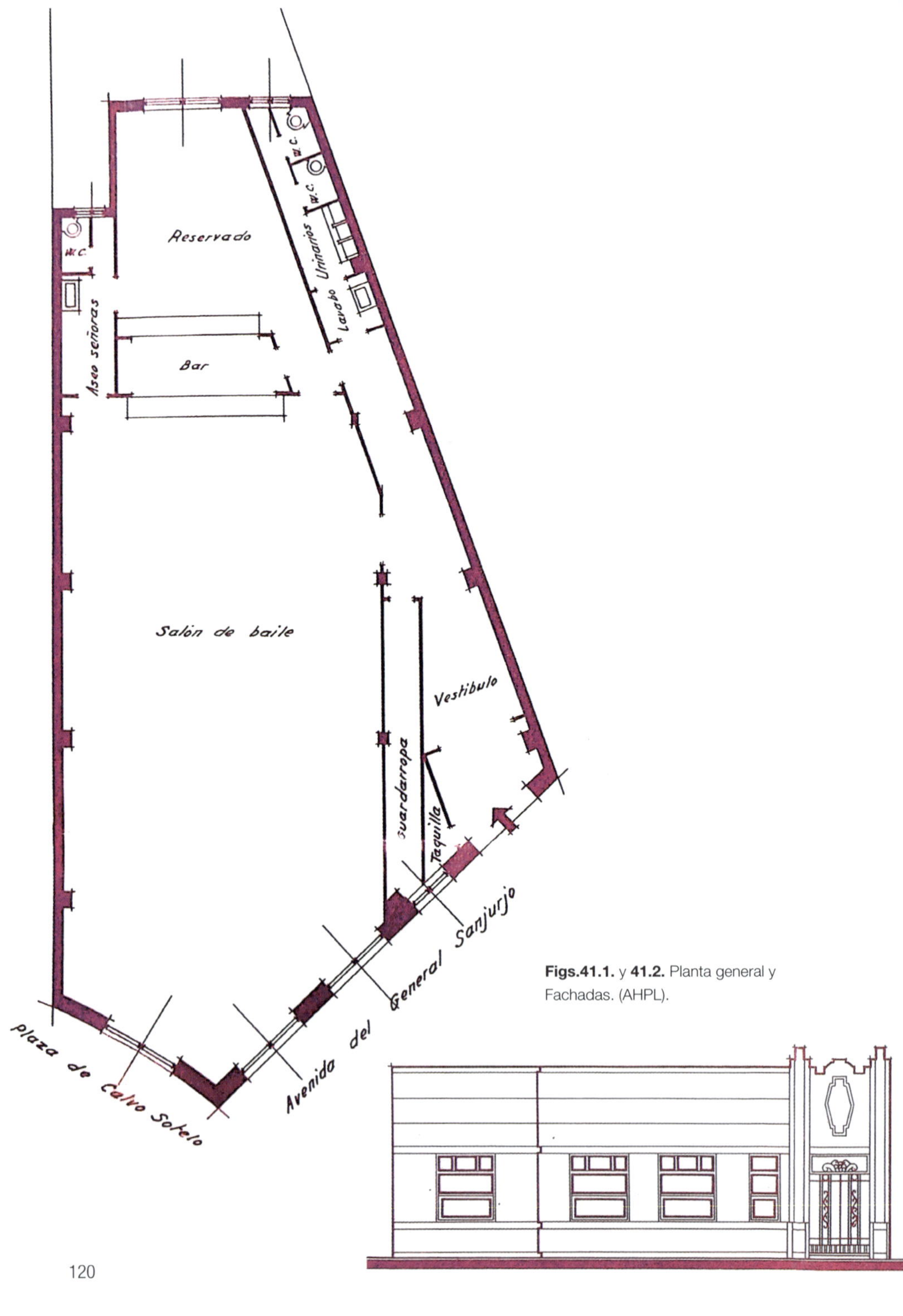

Figs.41.1. y **41.2.** Planta general y Fachadas. (AHPL).

SALÓN DE BAILE PARA ÁNGEL OTERO

(No Construido)
Gran Vía de San Marcos, n°14 c/v Plaza de la Inmaculada
Promotor. Ángel Otero Gutiérrez
Proyecto- Julio/1939

Inmueble de una sola planta y altura de techo de cinco metros con entrada por General Sanjurjo mediante puerta de dos metros de anchura que da paso a un vestíbulo para la taquilla y a otro hall interior con el guardarropa y la entrada principal al salón de baile. Salón de 8 metros de ancho por 15 de largo que recibiría luz y ventilación por amplios ventanales a fachada. Al fondo, la tribuna para la orquesta sobre un pequeño bar entre la sala y un pequeño reservado. En los laterales, los aseos para señoras y caballeros **(Fig.41.1).** Aparicio proyectó el edificio con muros de ladrillo sobre cimientos de hormigón bajo una cubierta inclinada con armaduras de madera, hierro laminado y planchas de uralita. En salón, vigas de hierro y viguetas en doble T sostendrían un falso techo guarnecido y enlucido de yeso pintado al temple en su cara inferior, como las paredes laterales, pautadas con pilastras estriadas. Los suelos, de madera de pino en el salón de baile y baldosín hidráulico en el resto. Las fachadas revocadas, estructuradas por bandas horizontales y grandes ventanales entre impostas. Un esbelto frente significaría la entrada entre dos pilastras resaltadas sobre pedestales. Las puertas de cerrajería en bello dibujo naturalista bajo un frontis de coronación con motivo octogonal y remate escalonado de innegable inspiración Decó **(Fig.41.1).**

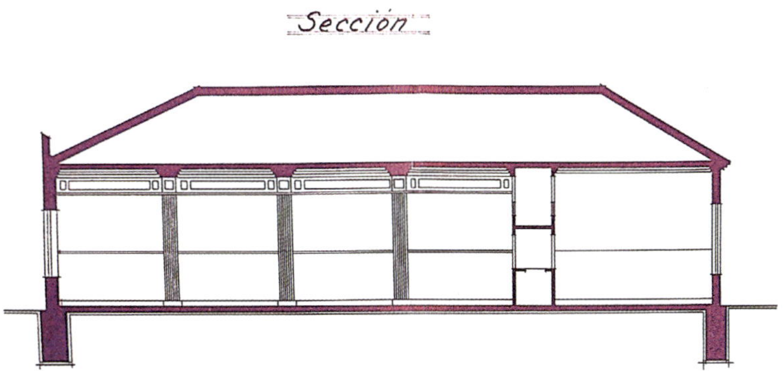

Fig.41.3. Sección (AHPL).

GASOLINERA PARA RAMÓN PARDIÑAS

(Emplazamiento desconocido)
Promotor. Ramón Pardiñas
Proyecto- Diciembre/1939

Estación de aprovisionamiento para automóviles promovida por Ramón Pardiñas en un solar rectangular no localizado en alguna carretera de la ciudad de León. Tampoco sabemos si se construyó la gasolinera, pero a la vista del único plano del proyecto, ésta se nos presenta como una obra de arquitectura moderna, inscrita en el contexto del automóvil caracterizado por el movimiento y la velocidad. Aparicio concibió el inmueble a modo de "prototipo" en un recinto tapiado por tres de sus lados, dejando libre el frente a la carretera para acceso de vehículos. En su interior dispuso un elemento cerrado o caseta de venta de esquinas redondeadas enfatizada por una torreta escalonada con mástil y bandera de carácter publicitario ¡muy Decó! Detrás, el patio de servicio. A la derecha, un almacén y en la delantera, cuatro surtidores protegidos por liviana losa de hormigón o marquesina curva en voladizo sostenida por dos esbeltos pilares cilíndricos del mismo material. Más allá del nuevo lenguaje, el arquitecto persigue la adecuación al uso y la economía, combinando la construcción tradicional (ladrillo en la caseta) con novedosas tecnologías (audaz marquesina de hormigón) contraponiendo la horizontal marquesina a la vertical torreta en una sencilla composición a la búsqueda de los anhelados equilibrios y el dinamismo potenciado por el tráfico de vehículos, luces y sonidos.

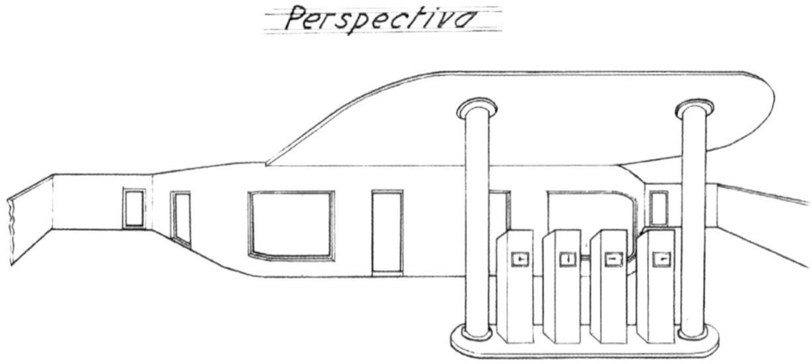

  Fig.42.2. Perspectiva (AHPL).

Fig.42.1. Planta general y Alzado frontal. (AHPL).

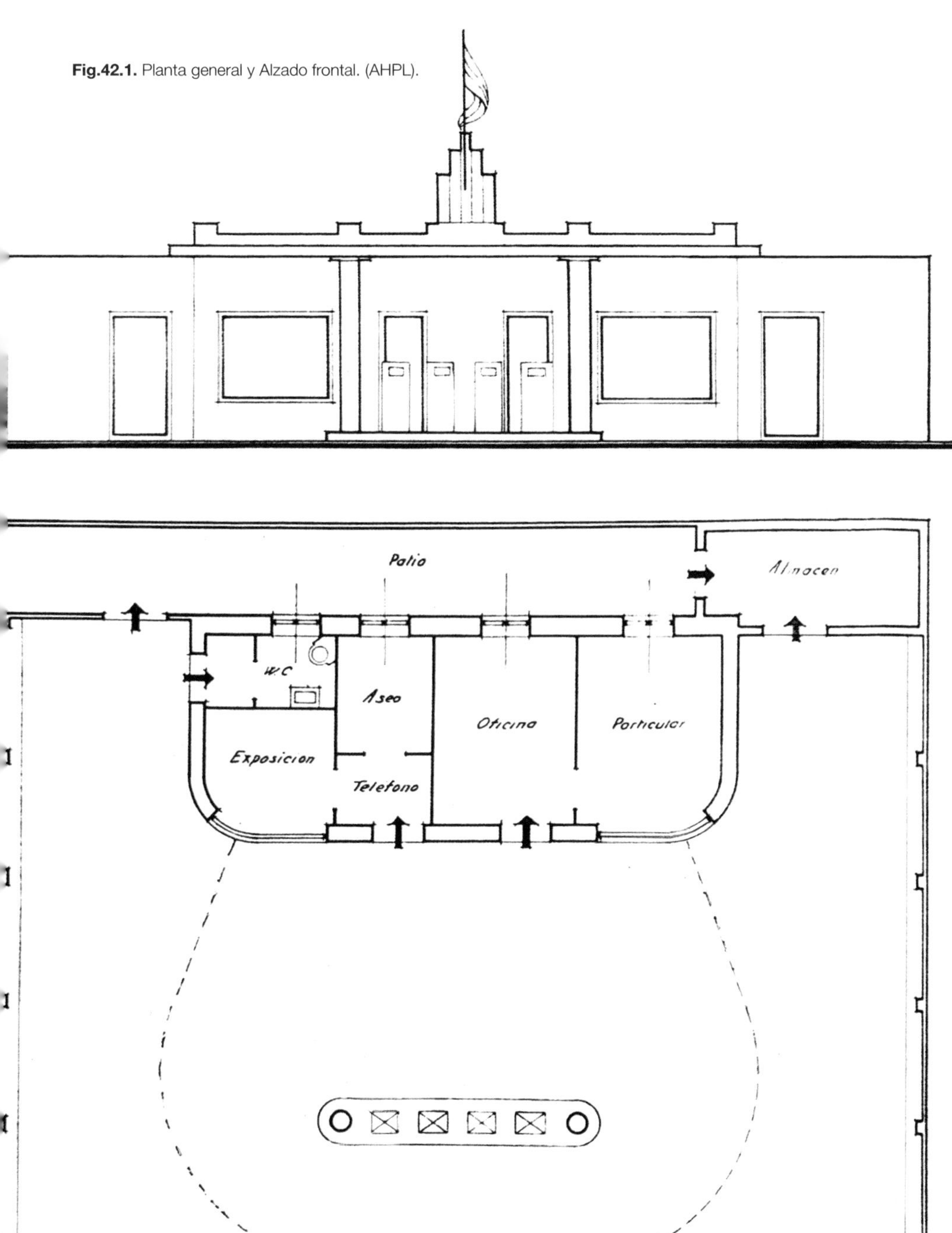
Patio
Almacen
W C
Aseo
Oticino
Porticular
Exposicion
Telefono
Carretera

Fig.43.1. Fachada a Gran Vía de San Marcos, nº12 (Foto del Autor).

CASA PARA ROSA MARTÍNEZ

Gran Vía de San Marcos, Nº12
Promotor. Rosa Martínez
Proyecto- Marzo/1939
Aparejador. Rutilio Fdez. Llamazares

Edificio con estructura mixta de muros de carga y pilares metálicos.
Sin sótano. La planta baja para dos tiendas y un amplio portal en el eje
con escalera de tres tramos y ascensor posterior para subir a cuatro
plantas con 8 viviendas dotadas de siete habitaciones, cocina, despensa,
baño y w.c. de servicio distribuidas entre la calle, tres patios interiores
y otro posterior **(Fig.43.2).** La fachada exterior revocada en el proyecto
y actualmente revestida con losas de piedra caliza; simétrica y en dos
órdenes. Basamento con portada axial entre los huecos de las tiendas.
El bloque principal en voladizo. El primer nivel y un frente central de dos
plantas ordenados por bandas horizontales opacas alternando con
grandes ventanales entre estrechos machones de obra, carpinterías
de madera, persianas enrollables y exquisitas barandillas de geometría
Decó, también dispuestas en las terrazas contiguas. Una cuarta planta
con balconada central entre dos cuerpos cerrados y más adelantados,
abriendo idénticos grandes vanos, completaba una composición rematada
por el peto de la azotea de un ático retranqueado con trasteros, hoy todo
lamentablemente adulterado y ocupado por usos residenciales **(Figs.43.1
y 43.3)...** Al parecer, a punto de terminar la Guerra, Aparicio seguía
proyectando en ese "Racionalismo al Margen" o "Salmón" característico
de nuestra imprecisa Modernidad prebélica...

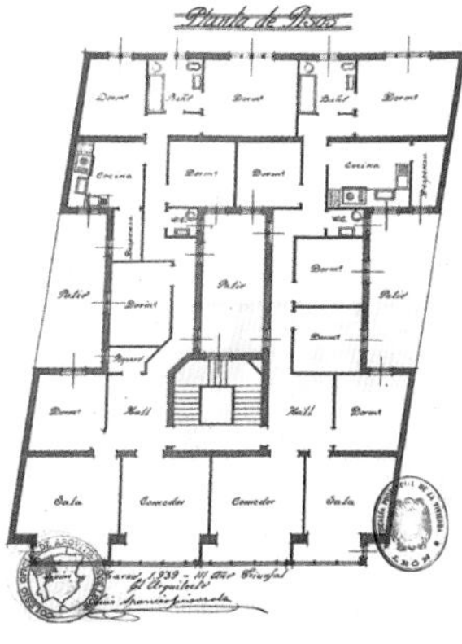

Fig.43.2. Planta de pisos (AHML).

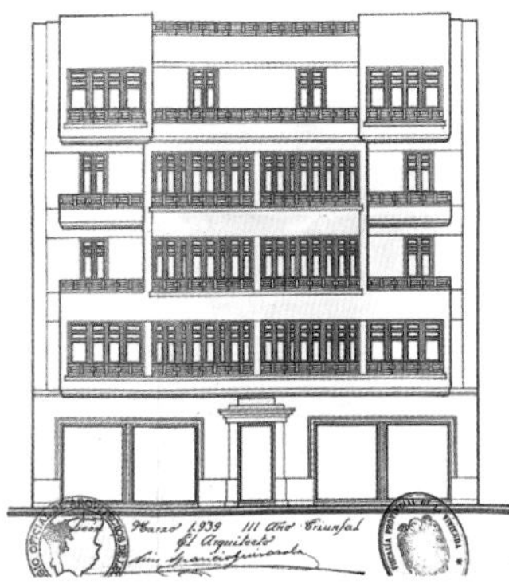

Fig.43.3. Alzado a la calle (AHML).

CASA PARA ALBERTO GARCÍA

Avda. Roma, nº17
Promotor. Alberto García García
Proyecto. Enero/1940
Aparejador. Rutilio Fdez. Llamazares

Edificio con muros de carga y un sótano para carboneras y otros servicios. En el bajo, locales comerciales, el portal y la escalera para subir a tres plantas con 6 pisos de alquiler que durante las obras aumentaron a 10, tras elevar dos plantas más y un ático retranqueado **(Fig.44.3).** Por deseo del propietario, Aparicio desplazó a un lateral el portal y la escalera alicatados de vistosos azulejos policromados, y los iluminó tenuemente por una extraordinaria vidriera con escudo blasonado, moza con atuendo tradicional en un paisaje leonés y las iniciales del propietario entre geometrías Decó. El alzado a la calle revocado. Abajo, los huecos de las tiendas y discreta portada con bellas hojas de forja. El cuerpo principal simétrico y en voladizo, con el primer nivel y un frente central de tres plantas, estructurados por bandas horizontales opacas alternando con grandes huecos entre maineles de fábrica y delicadas barandillas metálicas, también dispuestas en las terrazas adyacentes. En la quinta planta, balconada central entre dos cuerpos cerrados e idénticos grandes vanos **(Figs.44.1 y 44.2).** Terminada la Guerra, Aparicio seguía instalado en su particular "Racionalismo al margen", distinguido con el refinado Art-Decó tratando de aunar lo culto y lo popular… tal vez por esa "inercia adquirida" que ponía en crisis la "teoría de los cortes históricos en la evolución de los estilos".

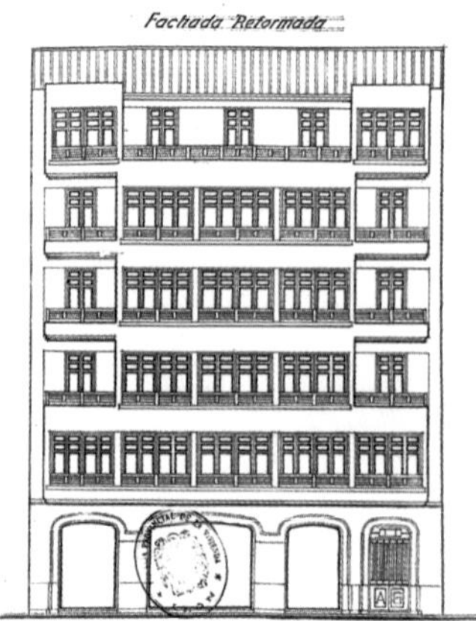

Fig.44.2. Alzado principal (AHML).

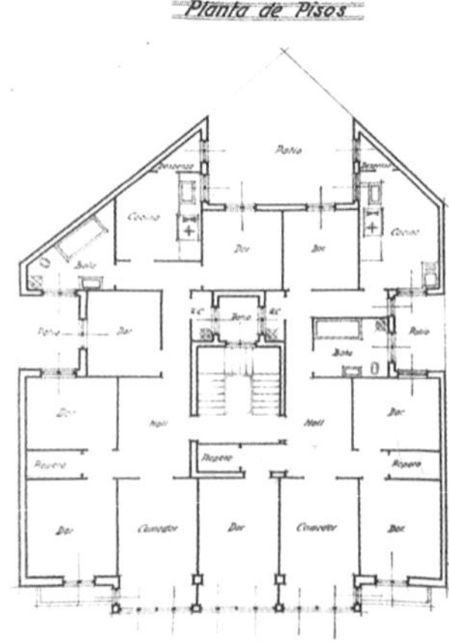

Fig.44.3. Planta de pisos (AHML).

Fig.44.1. Fachada Avda. Roma, nº17. (Foto del autor).

OTROS EDIFICIOS PERDIDOS

(Ilocalizados, alterados o demolidos)

VIVIENDAS PLURIFAMILIARES

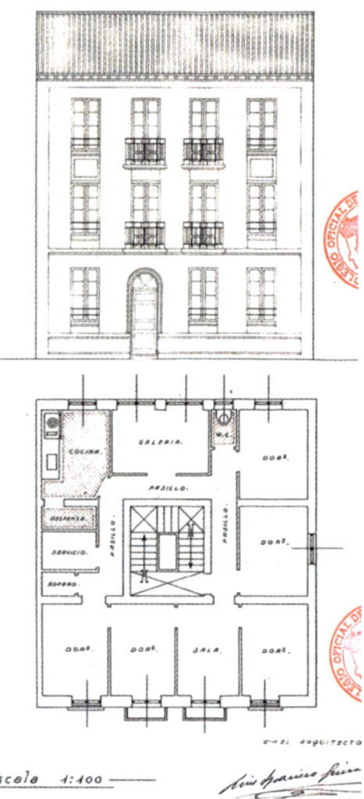

Fig.45. CASA para MARIANO ÁLVAREZ. Avda. 1º de Mayo. Octubre/1932 (P) Derribada (AHPL).

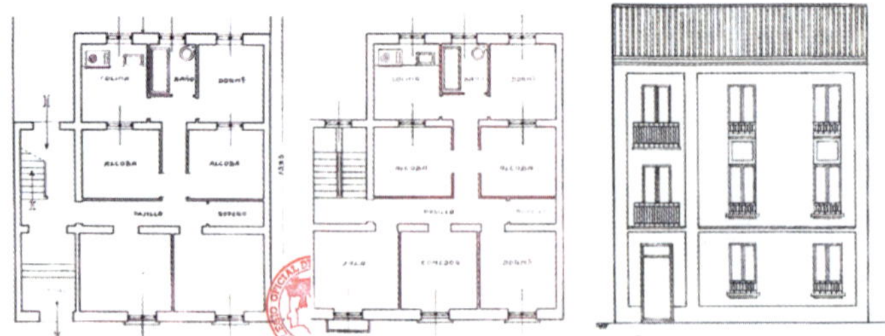

Fig.46. CASA para EUSTAQUIO CUEVAS. Avda. 1º de Mayo. Febrero/1934 (P) Derribada (AHPL).

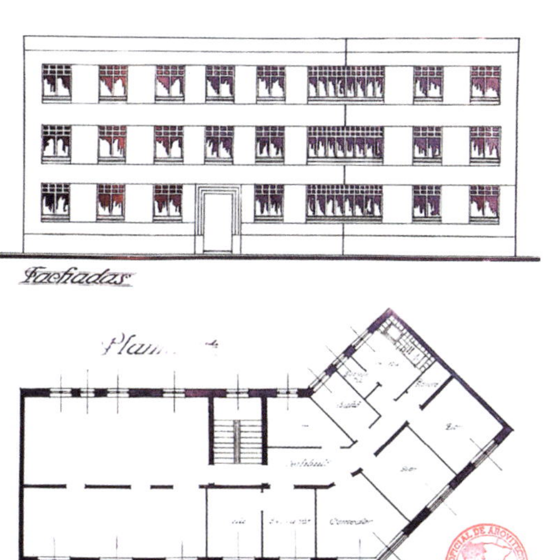

Fig.47. CASA para FRANCISCO FERNÁNDEZ. Avda. Rep. Argentina, nº14. Agosto/1934 (P) Derribada (AHPL).

Fig.48. CASA para LEOPOLDO GONZÁLEZ. C/ Bernardo de Carpio, nº9. Sept/1934 (P) Derribada (AHPL).

Fig.49. CASA para FIDEL RODRÍGUEZ CANAL. C/ Sampiro, nº7. Julio/1937 (P) Derribada (AHPL).

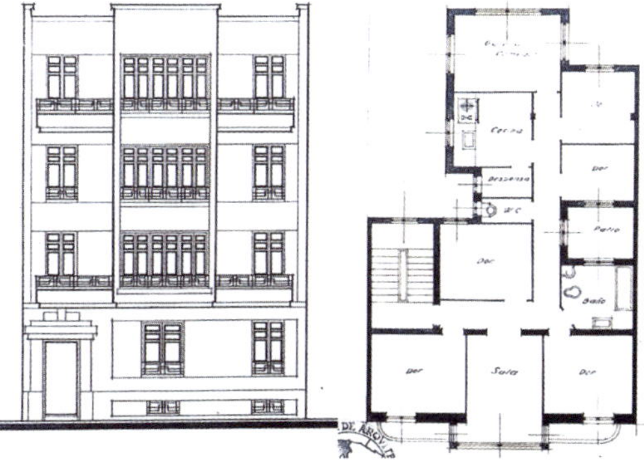

Fig.50. CASA para MANUEL QUINDÓS. C/ Valencia de Don Juan, nº7. Junio/1939 (P) Derribada (AHPL).

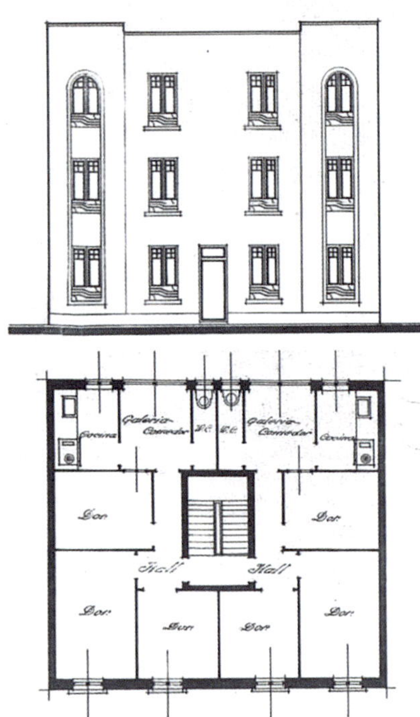

Fig.51. CASA para SANTOS MARTÍNEZ. C/ San Pedro. Abril/1935 (P) Derribada (AHPL).

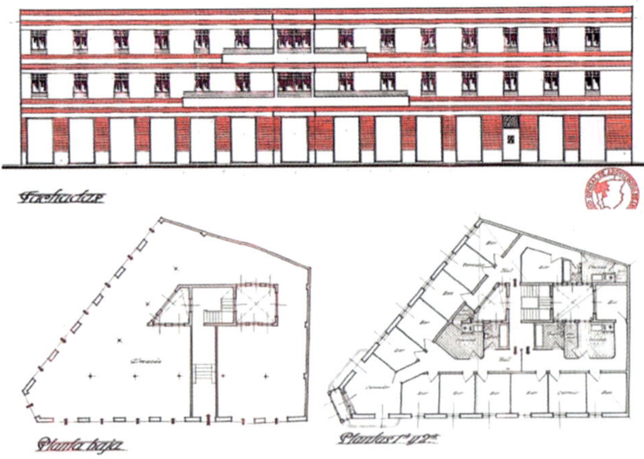

Fig.52. CASA para ISIDRO FERNÁNDEZ. C/ Álvarez López Núñez, nº27. Junio/1934 (P) Derribada (AHPL).

Fig.53. CASA para GABRIEL ARIAS ARIAS. C/ Rafael Mª de Labra, nº5. Abril/1939 (P) Derribada (AHPL).

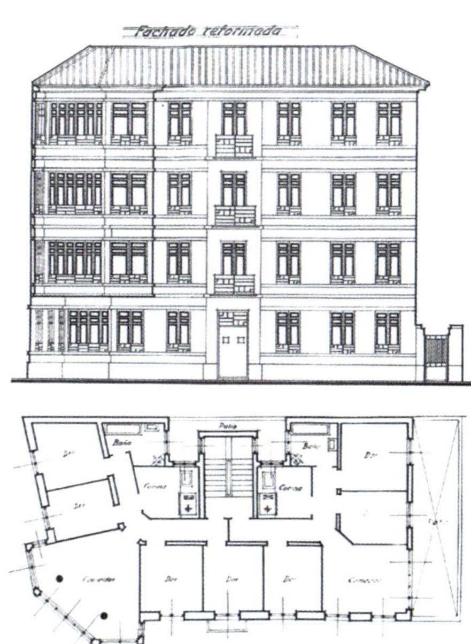

Fig.54. CASA para HONORATA CALVO. C/ García I, nº1. Diciembre/1935 (P) Muy Reformada (AHPL).

Fig.55. CASA en C/ Juan de Badajoz, nº13. No documentada (Foto del autor).

Fig.56. CASA para ALBERTO FERNÁNDEZ. C/ Burgo Nuevo, nº15. Marzo/1935 (P) No Construida (AHML).

Fig.57. CASA para ANTONIO MUÑOZ AVILÉS. C/ Conde Guillén, nº6. Noviembre/1937 (P) Derribada (AHPL).

Fig.58. CASA para OCTAVIO DIAZ GONZÁLEZ. C/ Lancia,nº24 c/v C/ Santisteban y Osorio, nº19. Abril/1936. Derribada (AHPL).

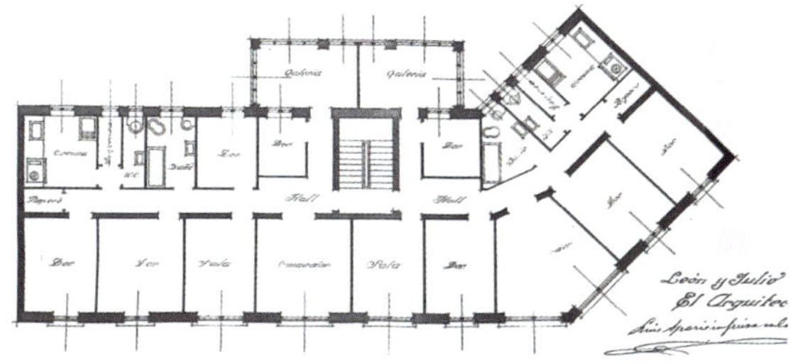

Fig.59. CASA para LEÓN PÉREZ ÁLONSO. Plaza Pícara Justina, nº2.
Julio/1935 (P) Derribada (AHPL).

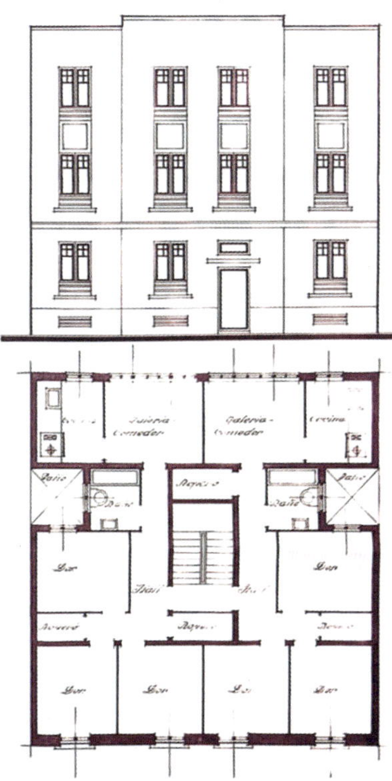

Fig.60. CASA para LEOPOLDO GONZÁLEZ. C/
Bernardo del Carpio, nº14. Mayo/1935 (P) Derribada.
(AHPL).

Fig.61. CASA para GONZÁLEZ Y ROLDÁN S.A. C/ Santisteban y
Osorio, nº10. Junio/1938 (P) Muy Reformada (Foto del autor).

Fig.62. CASA para FRANCISCO RODRÍGUEZ.
C/ Santisteban y Osorio, nº11. Marzo/1938 (P)
Derribada. (AHPL).

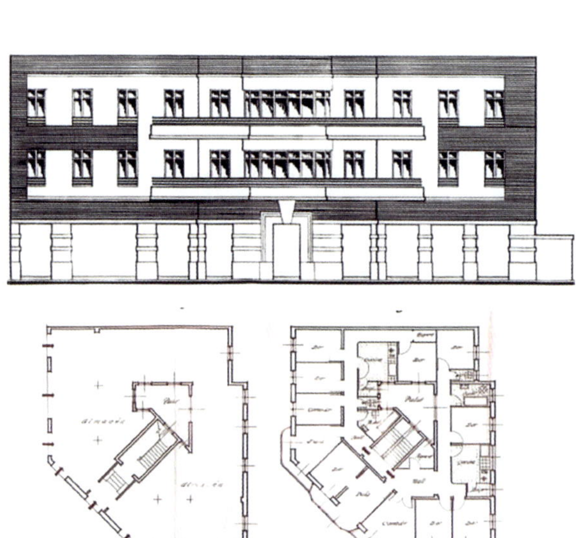

Fig.63. CASA para MIGUEL CARBAJO. C/ Roa de la Vega, 9 c/v C/ Juan
Madrazo. May/1934. Derribada. (AHPL).

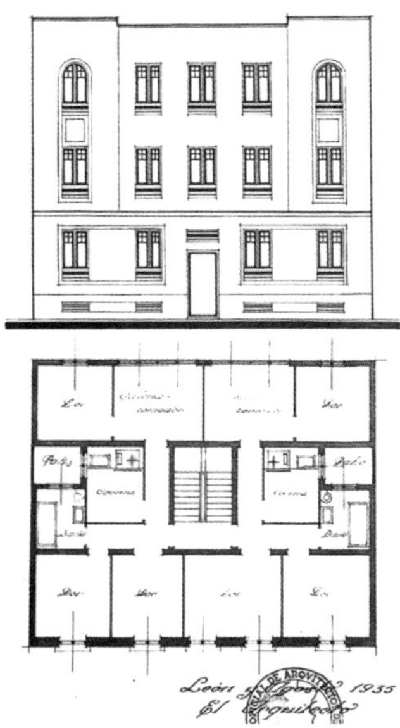

Fig.64. CASA para NICOLÁS GONZÁLEZ CORDÓN. C/ Lancia, nº20. Agosto /1935 (P) Derribada. (AHPL).

Fig.65. CASA para RICARDO GARCÍA. Barrio de la Vega. Marzo/1939. (P) No Localizada (AHPL).

Fig.66. CASA en la Avda. República Argentina, nº24. (1934) Derribada (Serrano Laso).

Fig.67. CASA para ELENA RODRÍGUEZ y HERMANAS. C/ Rodríguez del Valle. Mayo/1938 (P) Derribada. (AHPL).

VIVIENDAS UNIFAMILIARES

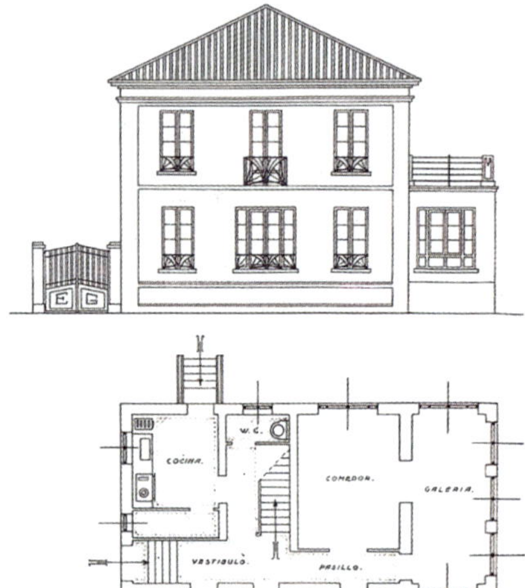

Fig.68. VIVIENDA UNIFAMILIAR para EUSEBIO GONZÁLEZ C/ H del Ensanche de San Marcos. Abril/1932 (P) Derribada. (AHPL).

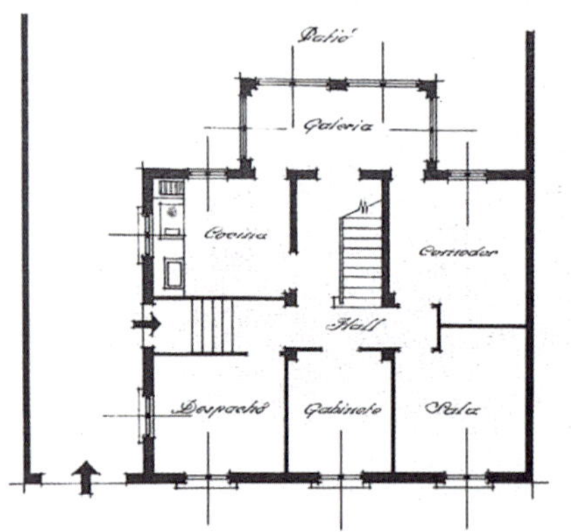

Fig.69. CASA para MANUEL GONZÁLEZ MAYORAL. C/ Rodríguez del Valle, nº3. Agosto/1935 (P) Derribada. (AHPL).

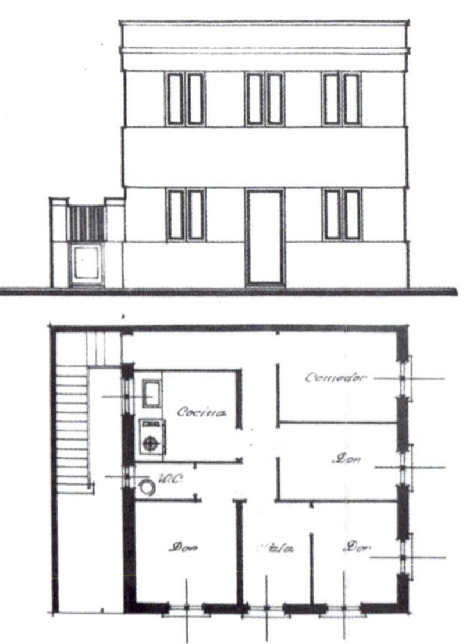

Fig.70. CASA para AMADEO HIDALGO. Prado de San Claudio. Marzo/1935 (P) Derribada (AHPL).

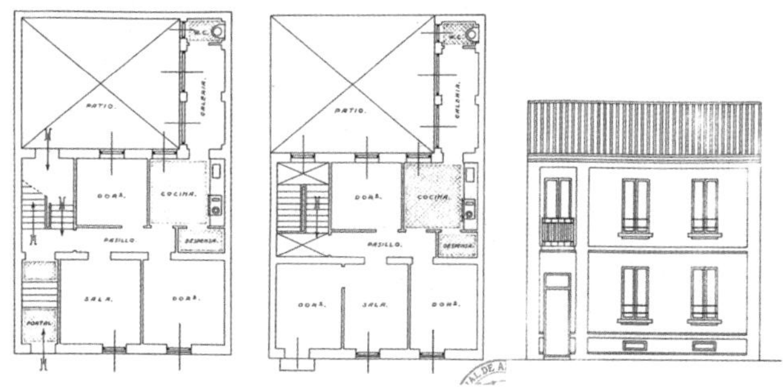

Fig.72. CASA para JESÚS BARRERA. C/ Mariano Andrés. Marzo/1932 (P) No Localizada. (AHPL).

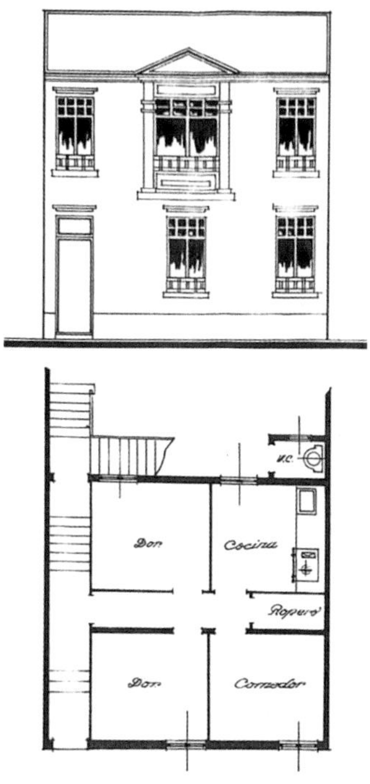

Fig.71. CASA para JOSÉ LAIZ GARCÍA. Los Solares de Picón. Noviembre/1934 (P) No Localizada. (AHPL).

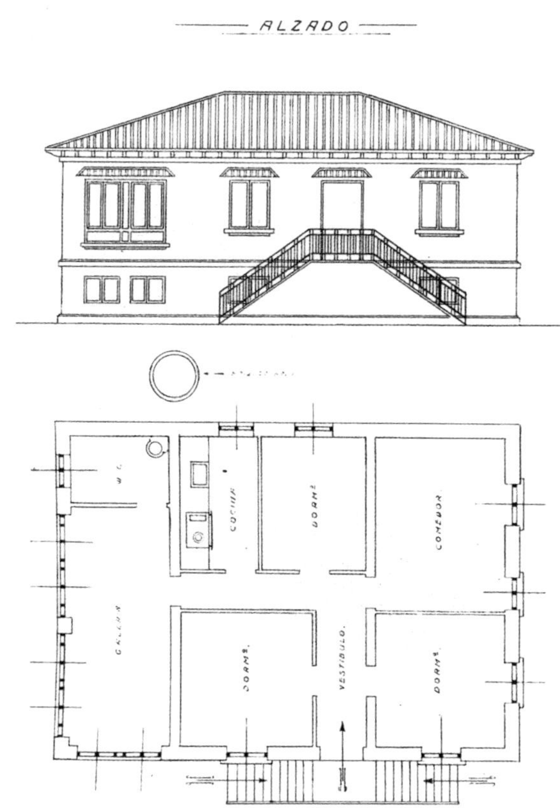

Fig.73. CASA para ÁRTURO LÓPEZ (Obrero). Las Ventas de Nava. Junio/1933 (P) No Localizada. (AHPL).

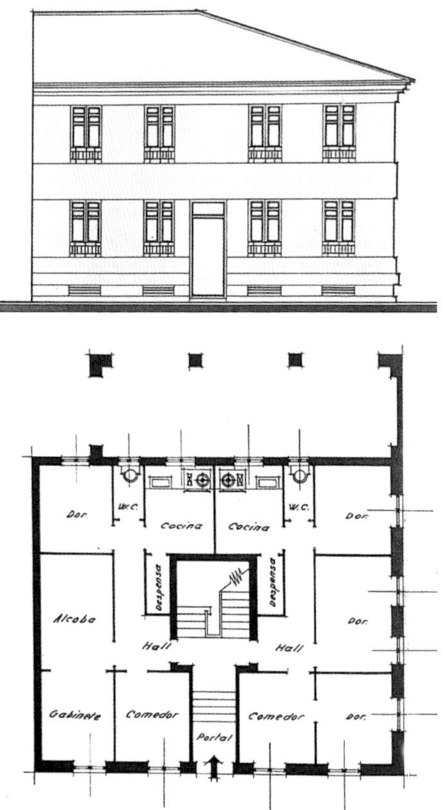

Fig.74. CASA para ERNESTO RAMALLAL. Carretera de
Nava. Agosto/1939 (P) Derribada. (AHPL).

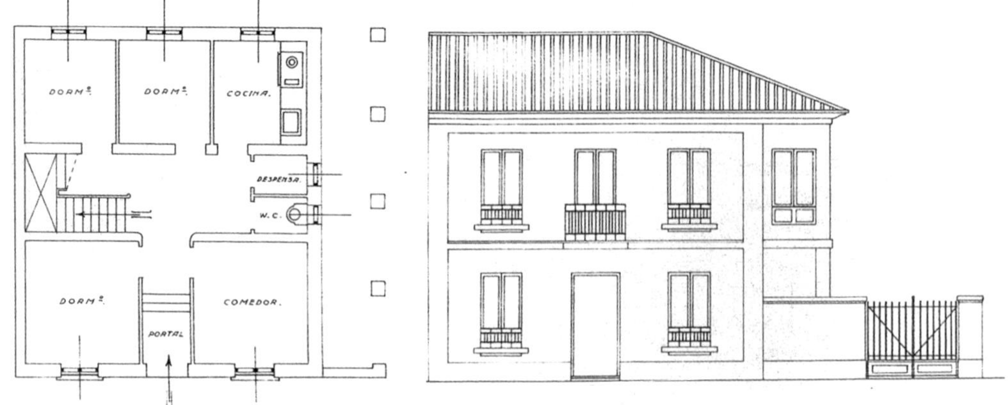

Fig.75. CASA para SERAFÍN GATO. Carretera de Asturias. Julio/1932 (P) Derribada. (AHPL).

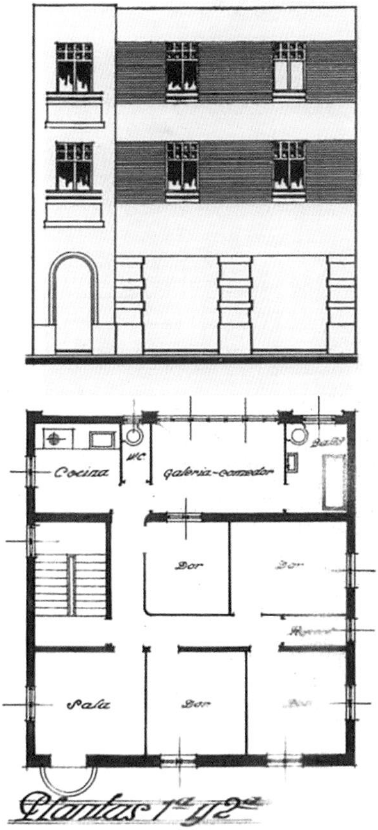

Fig.76. CASA para ISAAC MARTÍNEZ. Prado del Calvario. Septiembre/1934 (P) No Localizada. (AHPL).

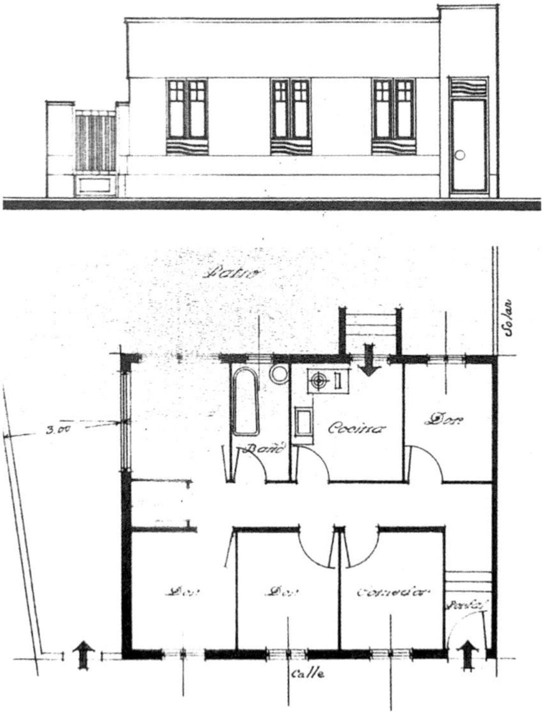

Fig.78. CASA para CONSTANTINO CADENAS. Barrio de las Ventas. Junio/1935 (P) No Localizada. (AHPL).

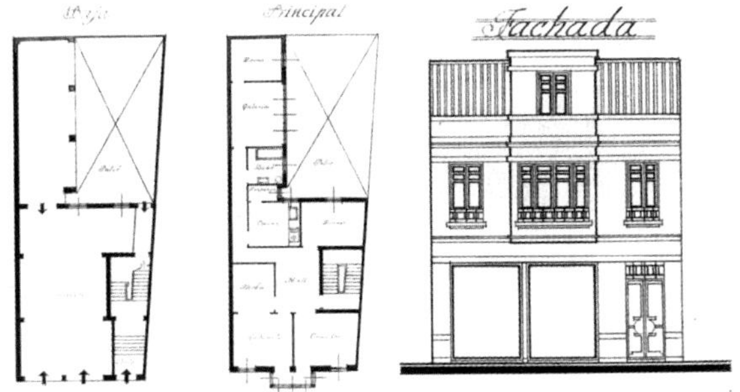

Fig.77. CASA para BALDOMERO MORALES. Avda. 18 de Julio. Septiembre/1937 (P) Derribada. (AHPL).

VIVIENDAS MÍNIMAS

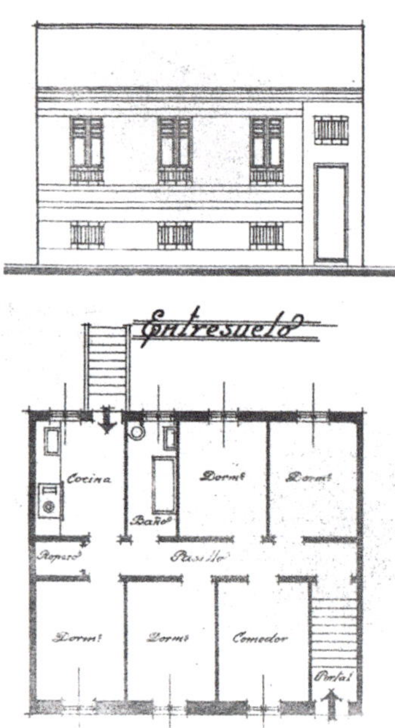

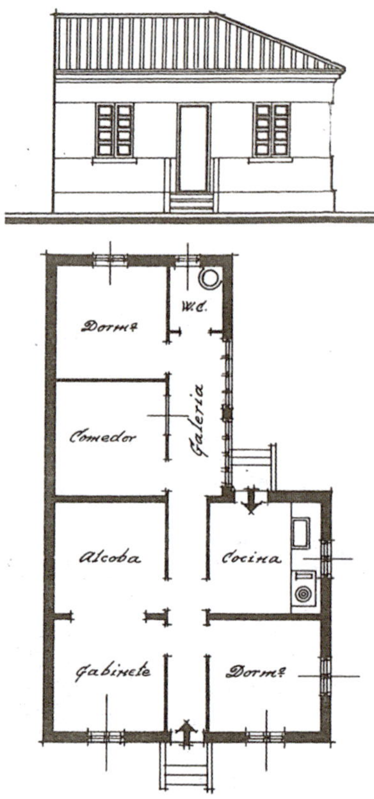

Fig.79. CASA para TOMÁS LLAMAS ANTA.
C/ Murias de Paredes. Enero/1938 (P)
Irreconocible. (AHPL).

Fig.80. CASA para JOSÉ ÁLVAREZ GARCÍA.
Carretera de Asturias, nº62. Marzo/1938 (P)
Irreconocible. (AHPL).

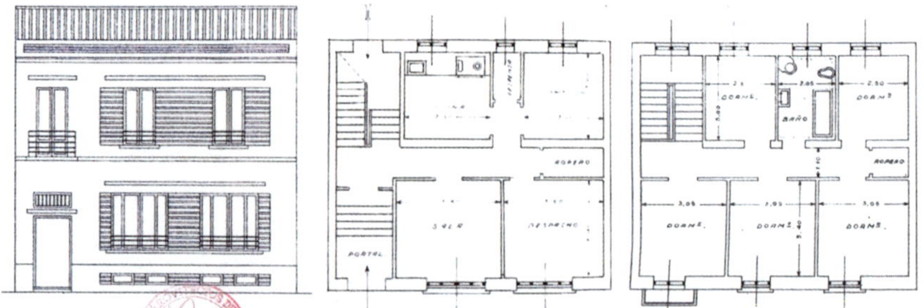

Fig.81. CASAS BARATAS ADOSADAS para EL MONTE DE PIEDAD. C/ Juan Madrazo, nº18-22. Julio/1932
(P) Derribadas. (AHPL).

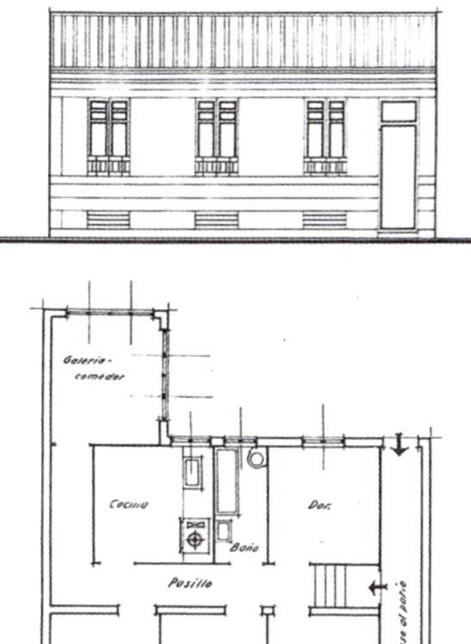

Fig.82. CASA para GERMÁN DIEZ. Parcelación de San Mamés. Septiembre/1939 (P) Irreconocible. (AHPL).

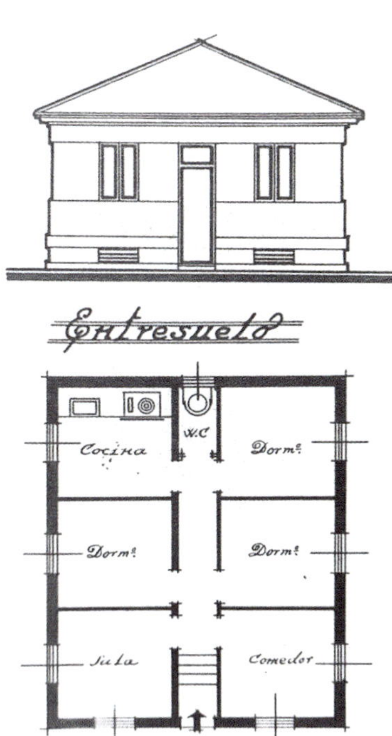

Fig.83. CASA para MACARIO RODRÍGUEZ. Camino de "Los Peregrinos" Septiembre/1938 (P) Irreconocible. (AHPL).

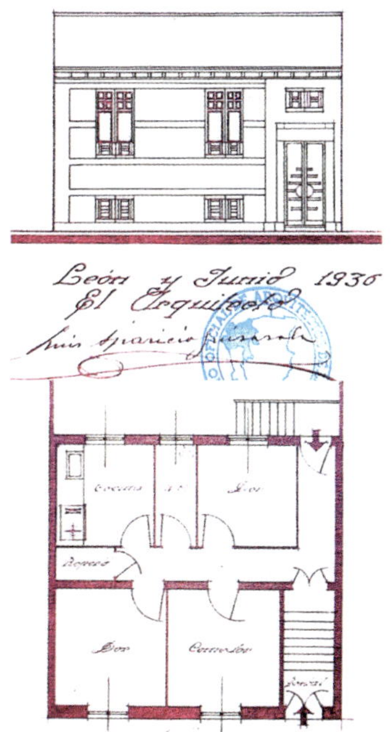

Fig.84. CASA para MANUEL GASPAR. Al lado de Matadero. Junio/1936 (P) Inidentificable. (AHPL).

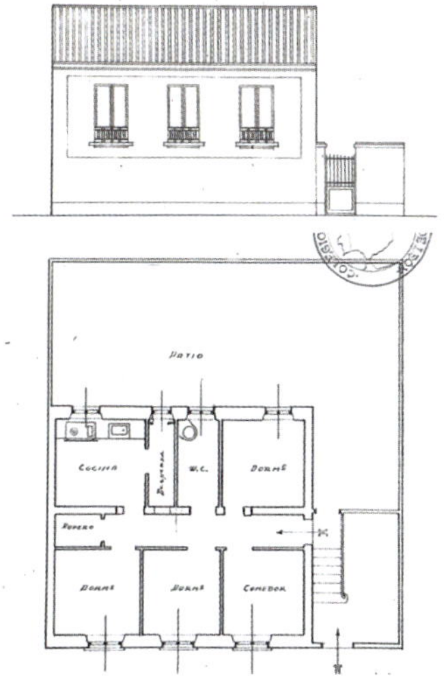

Fig.85. CASA para MARIANO GARCÍA DIAZ. Avda. 1º de Mayo. Febrero/1934 (P) Inidentificable. (AHPL).

143

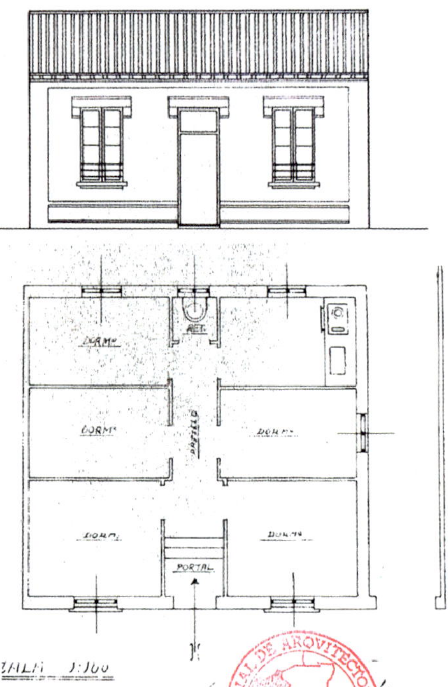

Fig.86. CASA para FERNANDO SÁNCHEZ. Carretera de Vegacervera. Mayo/1932 (P) No Identificada (AHPL).

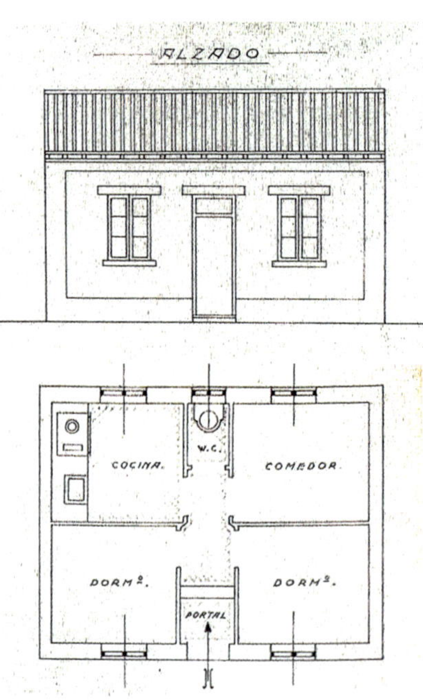

Fig.87. CASA para SIMÓN GONZÁLEZ. Camino del Hospital. Julio/1932 (P) No Identificada. (AHPL).

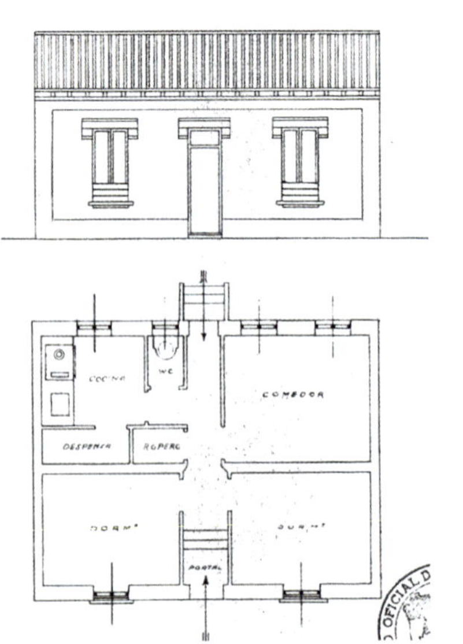

Fig.88. CASA para NEMESIO PADIERNA. Barrio de San Esteban. Mayo/1932 (P) No Identificada. (AHPL).

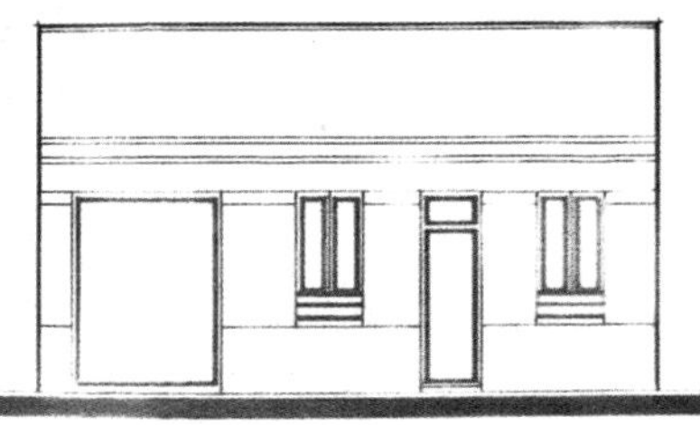

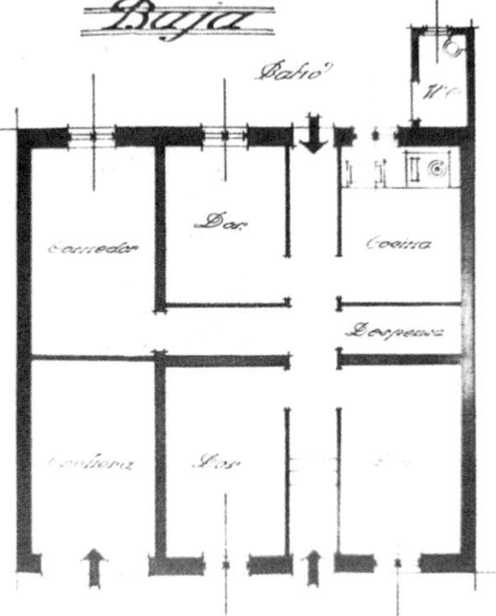

Fig.89. CASA para FAUSTO BLANCO. Barrio de las Ventas. Julio/1935 (P) No Identificada. (AHPL).

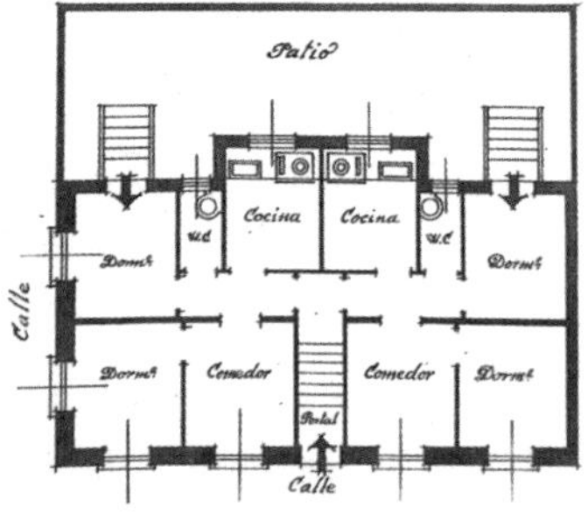

Fig.90. CASA para ARACELI GARCÍA CAMPOAMOR. Barrio de San Esteban. Septiembre/1937 (P) No Identificada. (AHPL).

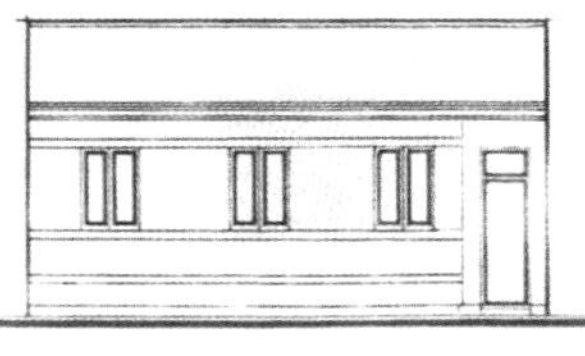

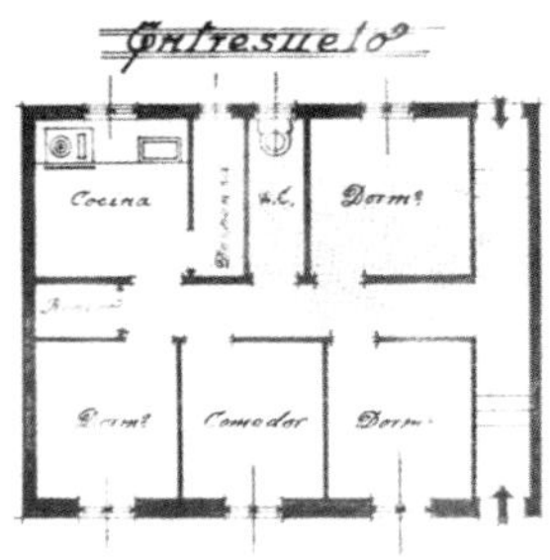

Fig.92. CASA para VICENTE TRASCASAS. Camino de Cantamilanos. Julio/1938 (P) No Identificada. (AHPL).

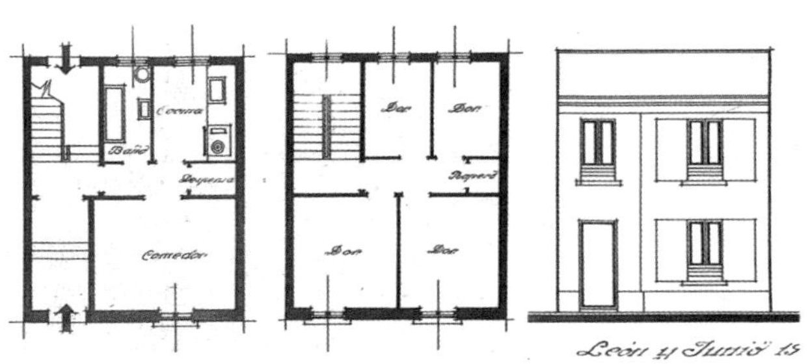

Fig.91. CASA para INOCENCIO CARRIZO. C/ San Claudio. Junio/1935 (P) No Identificada. (AHPL).

EQUIPAMIENTOS

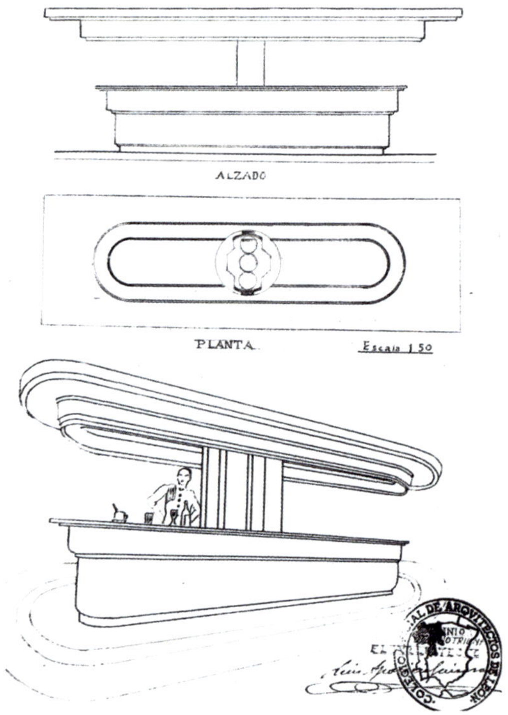

Fig.93. KIOSCO en LA CONDESA. Paseo de la Condesa de Sagasta. Junio/1939 (P) No Conservado. (AHPL).

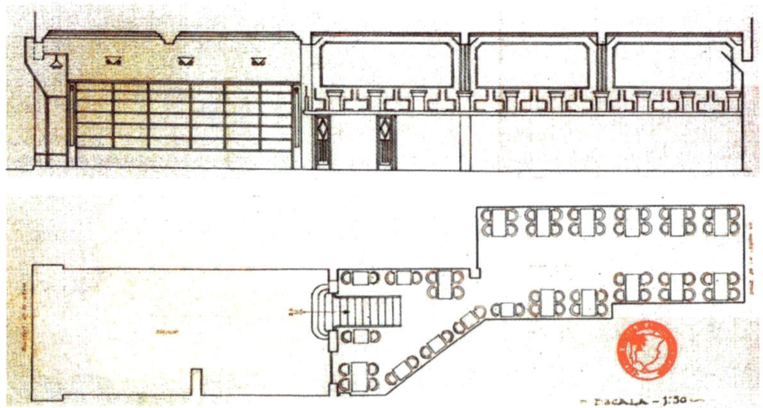

Fig.94. CONFITERÍA POLO para PAULINO POLO. Plaza de Santo Domingo. Marzo/1932 (P) No Conservado. (AHPL).

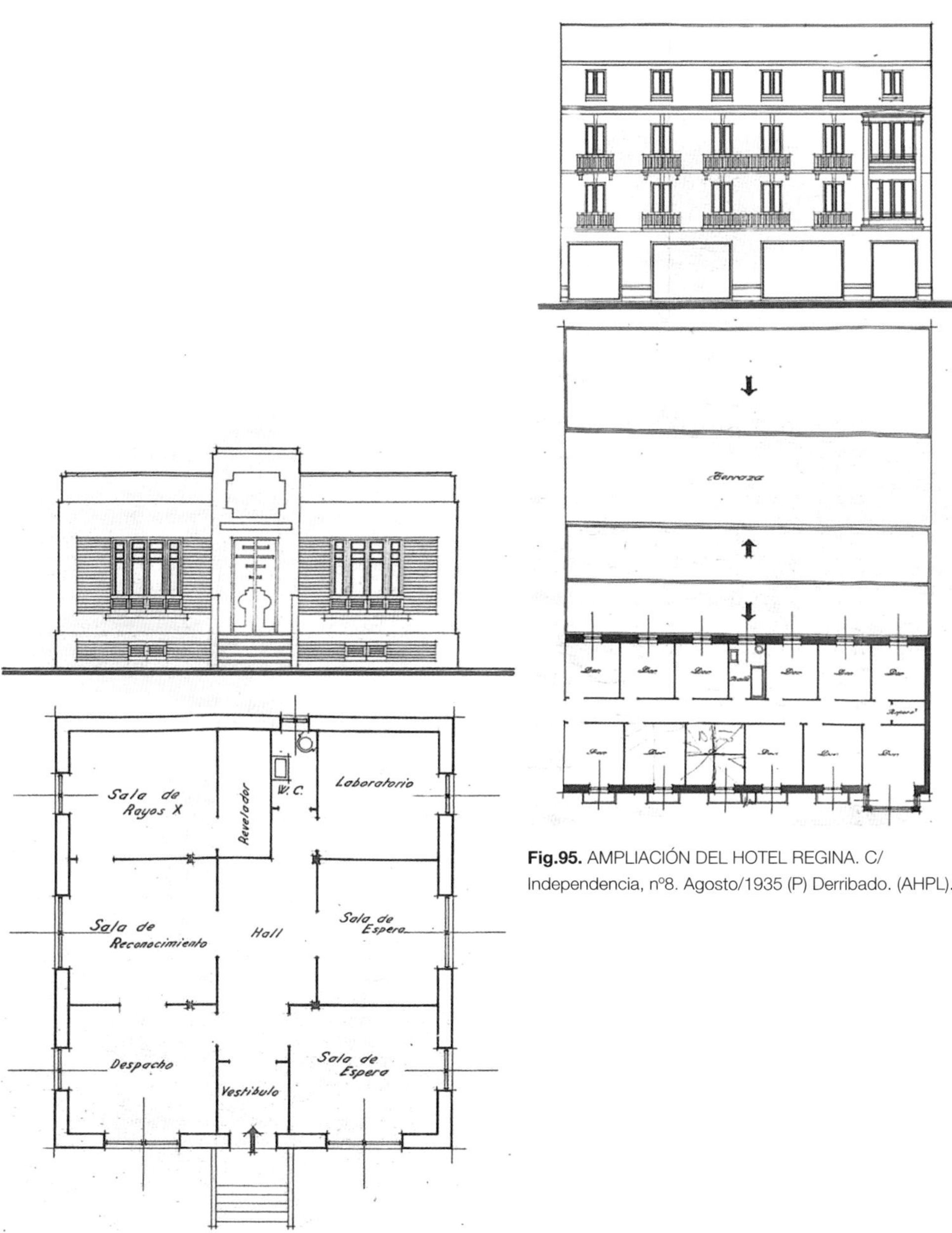

Fig.96. CLÍNICA MÉDICA para MIGUEL FLÓREZ. Carretera de Zamora (Armunia) Sept/1939 (P) Derribada. (AHPL).

Fig.95. AMPLIACIÓN DEL HOTEL REGINA. C/ Independencia, nº8. Agosto/1935 (P) Derribado. (AHPL).

BIBLIOGRAFÍA

BIBLIOGRAFÍA

ALGORRI GARCÍA, E. (2020) *Guía de arquitectura León*. Disponible en URL. https://www.algorriarquitecturadeleon.com/arquitectos/luis-aparicio-guisasola.

ALGORRI GARCÍA, E. (2022) *Manuel de Cárdenas. Edificios de vivienda colectiva en León (1900-1950)*. León: Universidad de León. Servicio de Publicaciones. Colección arquitecturaS. Vol.1.

ALONSO PEREIRA, J.R. (1982) *Cincuenta años de vida colegial. Crónica y análisis de medio siglo del Colegio de León, Asturias y Galicia*. Oviedo: COAA.

ALONSO PEREIRA, J.R. (1983) "Racionalismo al margen: el estilo salmón". *Arquitectos. Revista del Consejo Superior de los Colegios de Arquitectos. Q65.* 38-47.

ALONSO PEREIRA, J.R. (1985) *Madrid 1898-1931 de corte a metrópoli*. Madrid, Comunidad de Madrid.

ARANDA IRIARTE, J. (1981) *Los Arquitectos de Gijón alrededor del Racionalismo: Los Años Treinta*. Oviedo: Colegio Oficial de Arquitectos de Asturias, COAA.

BALDELLOU, M. A y FLORES, C. (1971) "Gutiérrez Soto y la Arquitectura Española". *Hogar y Arquitectura nº92.*

BALDELLOU, M. A. (1973) *Luis Gutiérrez Soto*. Madrid: Dirección General de Bellas Artes.

BALDELLOU, M. A. (1997) *Gutiérrez Soto*. Madrid: Electa.

BALDELLOU, M.A. y CAPITEL, A. (1995) *Arquitectura Española del siglo XX. (Summa Artis XL)*. Madrid, Espasa Calpe.

BENEVOLO, LEONARDO. (1974) *Historia de la Arquitectura Moderna*. Barcelona: Ed. Gustavo Gili.

BERGAMÍN GUTIÉRREZ, R. (1925) "Exposición de Artes Decorativas de París. Impresiones de un Turista" *Arquitectura (nº78)*, Págs. (236-239).

BOHIGAS, ORIOL. (1970) *Arquitectura Española de la Segunda República*. Barcelona: Tusquets Editor, Cuadernos Ínfimos.

CABALLERO CHICA, J. (2024) *La arquitectura en León en la primera mitad del siglo XX, del eclecticismo a la búsqueda de la modernidad*. Servicio de Publicaciones. Universidad de León.

CABALLERO CHICA, J. (2022) *Francisco Javier Sanz Martínez. Del Historicismo a la arquitectura imperial. 1923-1948.* León: Universidad de León. Servicio de Publicaciones. Colección arquitecturaS. Vol.2.

CASTILLO CÁCERES, F. (2011) *Madrid y el Arte Nuevo (1925-1936) Vanguardia y Arquitectura*. Madrid: Ediciones La Librería.

CHUECA GOITIA, F. (1980) *Historia de la Arquitectura Occidental. El siglo XX. Las fases finales y España*. Madrid: Dossat Bolsillo.

CHUECA GOITIA, F. (1986) *Historia de la Arquitectura Occidental. Eclecticismo*. Madrid: Dossat Bolsillo.

COLQUHOUN, ALAN. (2025) *Historia desapasionada de la arquitectura Moderna. De Víctor Horta a Louis Kahn.* Barcelona: Ed. Reverté.

CORTÉS VÁZQUEZ DE PARGA, J.A. (1992) *El racionalismo madrileño.* Madrid: Colegio Oficial de Arquitectos de Madrid, COAM 0 .

FLORES, CARLOS (1961) *Arquitectura Española Contemporánea, I y II. 1880-1950.* Madrid: Aguilar.

FRAMPTON, KENNETH. (1981) *Historia Crítica de la Arquitectura Moderna*. Barcelona: Ed. Gustavo Gili.

GARCÍA GENER, P. (2016) *La docencia de la ETSAM en su contexto histórico: 1844-2015*. Trabajo Fin de Grado / Proyecto Fin de Carrera, E.T.S. Arquitectura (UPM).

GARCÍA LOZANO, F. (2023) *Antonio Vallejo Álvarez. Arquitectura de la sensatez*. Guadalajara: Colegio Oficial de Arquitectos CLM.

GARCÍA MERCADAL, F. (2025) "Algunas consideraciones sobre las plantas de la Exposición de las Artes Decorativas". *Arquitectura (nº78)*, págs.240-244.

GAYA NUÑO J.A. (1977) *Arte del siglo XX (Ars Hispaniae, XXII)*. Madrid: Editorial Plus Ultra.

GINER DE LOS RIOS, B. (1980) *Cincuenta años de arquitectura española II, (1900-1950)*. Madrid: Adir Editores.

MAURE, LILIA. (1987) *Secundino Zuazo, arquitecto*. Madrid: Colegio Oficial de Arquitectos de Madrid.

MARTINEZ VERÓN, J. (2024) *Fernando García Mercadal. Retrato de arquitecto con sombrero*. Zaragoza: Excma. Diputación de Zaragoza. Institución Fernando el Católico.

MUÑÓZ, R. y SAMBRICIO, C. (2008) "La Ley Salmón de 1935 y el Madrid de la Segunda República". *Ilustración de Madrid. Núm. 9. Otoño 2008.*

NAVASCUES PALACIO, P. (2002) "Antonio Flórez: de la Escuela a la Academia" en VV. AA. *Antonio Flórez, arquitecto (1877-1941)*. Madrid: Publicaciones de la Residencia de Estudiantes.

PALLOL, D. (2012) *Madrid Art Decó*. Madrid: Ediciones la Librería.

PÉREZ GIL, J. (2023) *Juan Crisóstomo Torbado Flórez. Cultura y patrimonio arquitectónico en la primera mitad del siglo XX en León*. León: Universidad de León. Servicio de Publicaciones. Colección arquitecturaS. Vol.4.

PÉREZ ROJAS, F. J. (1990) *Art Decó en España.* Madrid. Cátedra.

PONGA MAYO, J.C. (1997) *El Ensanche de la ciudad de León 1900-1950. Cincuenta años de arquitectura.* León: Colegio Oficial de Arquitectos de León/ Santiago García.

PONGA MAYO, J.C. (2023) *Isidoro Sainz Ezquerra y Rozas. Arquitecto y urbanista. (1881-1961).* León: Universidad de León. Servicio de Publicaciones. Colección arquitecturaS. Vol.3.

PRESTINENZA PUGLISI, L. (2021) *Historia de la arquitectura moderna. De las vanguardias a nuestros días. Una crónica completa de la arquitectura de los siglos XX y XXI.* Berlín: DOM publishers.

REGUERA RODRÍGUEZ, A.T. (1987) *La Ciudad de León en el Siglo XX. Teoría y Práctica en el Urbanismo Local.* León: Colegio Oficial de Arquitectos de León.

SAN ANTONIO GÓMEZ, C. de (1996) *20 Años de Arquitectura en Madrid. La Edad de Plata: 1918-1936.* Madrid: Comunidad de Madrid.

SAMBRICIO, C. (1983) *Cuando se quiso resucitar la Arquitectura.* Murcia: Colegio Oficial de Aparejadores y Arquitectos Técnicos. (Archivo Digital UPM).

SÁNCHEZ DE LERÍN GARCÍA-OVIES, T. (2000) *Modesto López Otero: Vida y Obra (Tesis Doctoral).* Archivo Digital UPM.

SERRANO LASSO, M. (1993) *La Arquitectura en León entre el Historicismo y el Racionalismo, 1875-1936.* León: Universidad de León.

UCHA DONATE, R. (1980) *Cincuenta años de arquitectura española I, (1900-1950).* Madrid: Adir Editores.

URRUTIA, A. (1997) *Arquitectura Española del siglo XX.* Madrid: Cátedra.

VALENZUELA FERNÁNDEZ, F. (1997) *"Luis Aparicio Guisasola"* 125-131, en Ponga Mayo, J. C. (1997) *El Ensanche de la ciudad de León 1900-1950.* León: COAL.

VV. AA. (2002) *Antonio Flórez, arquitecto (1877-1941).* Madrid: Publicaciones de la Residencia de Estudiantes.

YÁRNOZ LARROSA, J. (1925) "La Arquitectura en la Exposición Internacional de las Artes Decorativas e Industriales Modernas". *Arquitectura (nº78)*, págs.225-235.

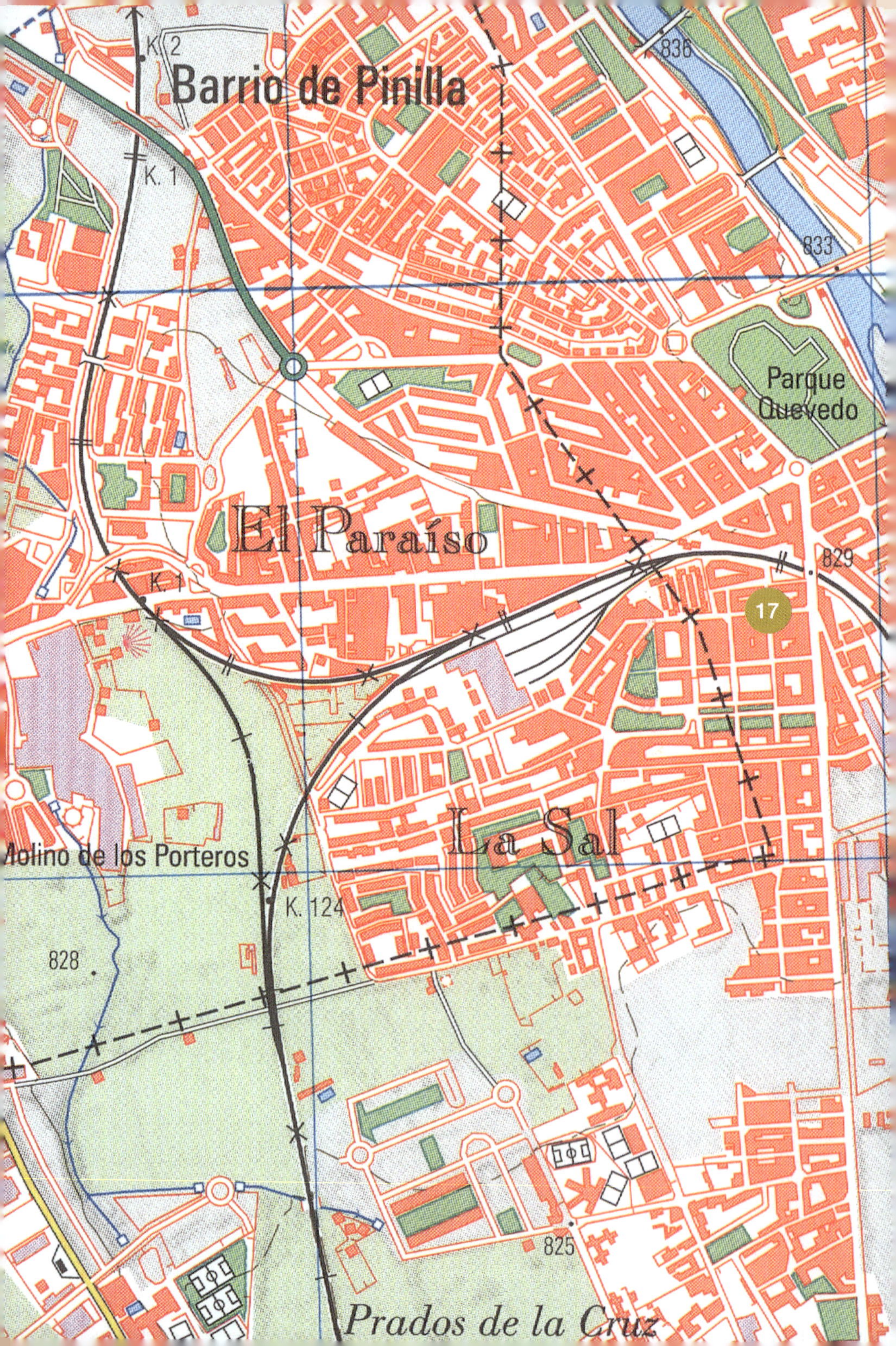

Barrio de Pinilla
K. 2
K. 1
El Paraíso
K. 1
Parque Quevedo
La Sal
Molino de los Porteros
K. 124
Prados de la Cruz
836
833
829
828
825
17

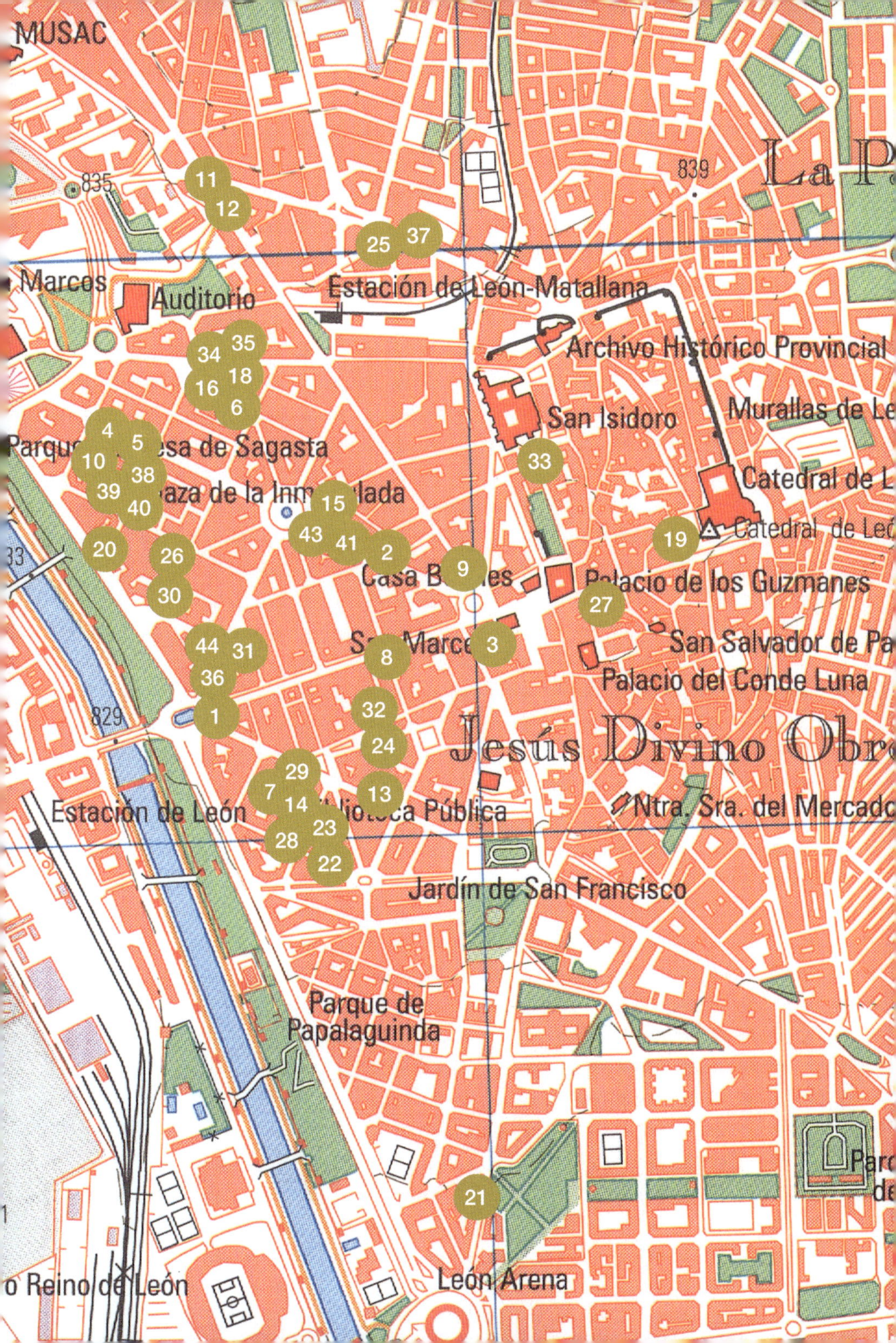
MUSAC
La P...
835
839
Marcos
Auditorio
Estación de León-Matallana
Archivo Histórico Provincial
San Isidoro
Murallas de Le...
Catedral de L...
Parque ...sa de Sagasta
Catedral de Leó...
...aza de la Inm...lada
Casa B...es
Palacio de los Guzmanes
San Marc...
Palacio del Conde Luna
San Salvador de Pa...
27
Jesús Divino Obre...
Biblioteca Pública
Ntra. Sra. del Mercad...
Estación de León
Jardín de San Francisco
Parque de
Papalaguinda
Par...
de
21
o Reino de León
León Arena

1. **EL SANATORIO MIRANDA**
C/ Ordoño II, nº41 c/v a la Glorieta de Guzmán el Bueno, c/v la Avda. de la República Argentina

2. **CASA para PAULINO ÁLVAREZ**
C/ Fajeros, nº8 c/v a Joaquina Vedruna y c/v a Gran Vía de San Marcos

3. **LA IMPRENTA MODERNA**
C/ Legión VII, nº3

4. **CASA para ISIDORO FERNÁNDEZ**
Gran Vía de San Marcos, nº5

5. **CASA para MANUEL ÁLVAREZ**
Gran Vía de San Marcos, nº4

6. **CASA para AGAPITO RODRÍGUEZ**
C/ Juan Madrazo, nº1

7. **CASA para VICENTE MOLANO**
C/ Alfonso IX, nº3

8. **EL BAR ROX**
(Destruido en 1971)
C/ Ordoño II c/v C/ Gil y Carrasc

9. **CASA para LUIS DE LA PUENTE**
(Derribada)
Avda. Padre Isla, nº3 (entonces 1º de Mayo)

10. **CASA para LUIS VILLANUEVA**
C/ Sampiro nº6

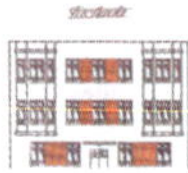

11. **CASA para PAULINO POLO**
(Proyecto no construido)
Avda. Padre Isla, nº67

12. **CASA para CONSUELO MARTÍN**
Avda. Padre Isla, nº67

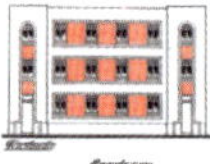

13. **CASAS para AURELIO Y FRUCTUOSO**
(Derribadas)
Avda. República Argentina, nº16

14. **CASA para ESTEBAN PÉREZ**
C/ Alfonso IX, nº4

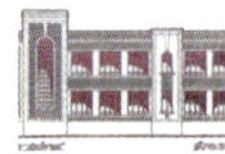

15. **REFORMA Y AMPLIACION ESCUELAS JULIO DEL CAMPO**
(No Realizada)
C/ Julio del Campo, nº11 c/v C/ Joaquina Vedruna

16. **CASA para PEDRO CORTINAS**
C/ Juan Madrazo, nº22

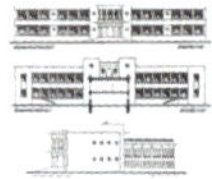

17. **ESCUELAS EN EL BARRIO DE LA VEGA**
(No construidas)
Barrio de la Vega

18. **CASA para DAVID ÁLVAREZ**
C/ Juan Madrazo, nº17

19. **CASA para LA CAJA DE AHORROS**
Plaza de la Regla, nº2

20. **LA PERRONA**
Avda. Condesa de Sagasta, nº26 c/v a C/ Lucas de Tuy

21. **CASA para ÁNGEL SANTOS**
C/ Corredera, nº26

22. **CASA para CLEMENTE ARROYO**
C/ Bernardo del Carpio nº5

23. CASA para EMILIO ORDOÑEZ
C/ Santisteban y Osorio, nº5

34. CASA para RESTITUTO DE PAZ
C/ Suero de Quiñones, nº7

24. CASA para ALBERTO FERNÁNDEZ
C/ Fuero, nº5

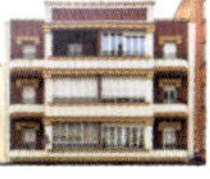
35. CASA BERNARDINO DE PAZ
C/ Suero de Quiñones, nº9

25. CASA para PERFECTO RABADÁN
C/ Federico Echevarría, nº14 c/v a C/ La Vecilla

36. CASA para GREGORIO ARIAS
Avda. Roma, nº15

26. CASA para JOAQUÍN RODRÍGUEZ
(Derribada)
C/ Roa de la Vega, nº28 c/v C/ Colón

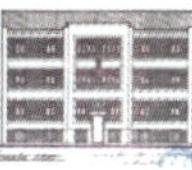
37. CASA para JOSÉ GÓMEZ
(Derribada)
C/ Álvaro López Núñez, nº24

27. CASA para BENIGNO NEIRA
C/ El Paso, nº6, c/v a C/ Regidores

38. CASA para ESTEBAN MARTÍNEZ
(Derribada)
C/ Sampiro nº8

28. CASA para GONZÁLEZ Y ROLDÁN S.A. (I)
C/ Bernardo del Carpio, nº12

39. CASA para JOSÉ VÁZQUEZ
C/ Sampiro, nº3

29. EDIFICIO ALFONSO IX, 1
C/ Alfonso IX, nº1

40. CASA para JOSÉ CIMADEVILLA
C/ Sampiro, nº5

30. CASA para PEDRO ÁLVAREZ
(Derribada)
C/ Roa de la Vega, nº35

41. SALÓN DE BAILE para ÁNGEL OTERO
(No Construido)
Gran Vía de San Marcos, nº14 c/v Plaza de la Inmaculada

31. CASA para PETRA RODRÍGUEZ
C/ Juan Lorenzo Segura, nº5

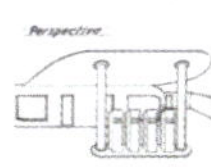
42. GASOLINERA para RAMÓN PARDIÑAS
(Emplazamiento desconocido)

32. CASA para IRENE ARIAS
(Proyecto no construido)
C/ Burgo Nuevo, nº15

43. CASA para ROSA MARTÍNEZ
Gran Vía de San Marcos, nº12

33. CASA para EL MONTE DE PIEDAD
C/ El Cid, nº15 c/v a Plaza de San Isidoro

44. CASA para ALBERTO GARCÍA
Avda. Roma, nº17

TB-6-5